语言普遍原则的创造性运作

Language Universal Principle and Its Operation

·林 嘉 林景鸿 著

厦门大学出版社 国家一级出版社
XIAMEN UNIVERSITY PRESS 全国百佳图书出版单位

图书在版编目（CIP）数据

语言普遍原则的创造性运作 / 林嘉，林景鸿著. --
厦门：厦门大学出版社，2024.11
ISBN 978-7-5615-9351-6

Ⅰ．①语… Ⅱ．①林… ②林… Ⅲ．①语言学-研究
Ⅳ．①H0

中国国家版本馆CIP数据核字(2024)第071782号

责任编辑　王扬帆
美术编辑　李嘉彬
技术编辑　许克华

出版发行　厦门大学出版社
社　　址　厦门市软件园二期望海路39号
邮政编码　361008
总　　机　0592-2181111　0592-2181406(传真)
营销中心　0592-2184458　0592-2181365
网　　址　http://www.xmupress.com
邮　　箱　xmup@xmupress.com
印　　刷　厦门市金凯龙包装科技有限公司

开本　720 mm×1 020 mm　1/32
印张　13
字数　160 千字
版次　2024 年 11 月第 1 版
印次　2024 年 11 月第 1 次印刷
定价　66.00 元

本书如有印装质量问题请直接寄承印厂调换

厦门大学出版社

微信二维码

厦门大学出版社
微博二维码

前　言

关于人类语言,语言学家们一方面将其看成"太平淡无奇"和"像呼吸或者走路那样理所当然的事",另一方面又认为它是"极其复杂的"言语系统。人们对语言复杂性的研究很多,但对其简单性的探讨极少。我们认为语言这一为所有人类"设计"的交际媒介存在着本质上简单的一面:语言是以句子形式构建的言语系统,具有基本结构和简单明了的、极具生成能力的普遍原则。

关于语言形式或语法,一般的观点是对其进行的研究已经足够充分和系统。但从语言学的视角来看,还缺失对语言创造性运作规则的描述。创造性是语言设计的特征之一,是语言形式不可或缺的组成部分。我们认为语言创造性并非抽象的或不可捉摸的,其实质为"无限的组合"或"自由的递归组合"。"自由的递归组合"体现于:(1)基于语言基本结构及其句式成分的"结构性"递归组合。这一"自由的"运作使语言基本结构或基本句式成为开放性的架构。(2)引入限定语作用于NP/VP的"限定性"递归组合。这一"不受限制的"运作使对NP/VP的限定具有无限循环性。完全基于基本结构或句式成分的意义组合是语言的基本运作,结构性与限定性的递归组合为其创造性运作,两个层面的意义组合构成了语言的全面运作。一方面,其运作要遵循每种语言各自"约定俗成"的组合规约,这是人们生成句子的方法和取得相互理解的形式依据;另一方面,结构性与限定性的递归运作是自由的、不受限制的,其基本结构及句式成分的递归运作和对 NP/VP 限定的递归运作均具有开放性,使语言使用者在结构上和表达上具有无限创造的可能性。"规约"与"自由创造"之间的相互作用和协调运作构成了一个具有运作规律的开放性的语言系统。基于此,我们提出了以下这条语言普遍原则:在语言基本结构及其组合规约的基础上,人们可以自由地并联其基本结构或句式成分,无限使用有限的限定手段于 NP/VP 的限定组合之中。

  写这本书是想说明我们认为语言是什么,以及语言的本质、基本结构及语言运作的普遍原则,从而能够从整体和形式上对语言有更为全面的认知,能够为更好、更全面地描述其形式或语法提供一些理据。我们的目的更在于通过以上对语言的认知来解开我国从事外语教学的"师者"本身尚未意识到的"惑",对我国外语教学的改革以及外语教材的编写提出一些建议,从而有助于建立我国自己的外语教学理论,找到其特殊的规律以及有效的教学方法。

林嘉 林景鸿

2023 年 12 月于龙岩西莲畔

目 录

第一章 人类语言:共性、本质、两面性与普遍原则 ………… 002
    1.1 语言是否存在简单明了的普遍规则 …………… 002
    1.2 语言是什么 …………………………………… 006
    1.3 语言的共性 …………………………………… 019
    1.4 语言的本质 …………………………………… 048
    1.5 语言简单与复杂的两面性 …………………… 050
    1.6 语言设计的完美及其实质 …………………… 068
    1.7 语言设计原则与普遍原则 …………………… 076

第二章 语言设计原则的两层关系与普遍原则 ………………… 079
    2.1 语言设计原则的两层关系 …………………… 079
    2.2 第一层关系:NP+VP ………………………… 080
    2.3 第二层关系:扩大或限定 NP 或 VP 内涵的
          组合运作 ……………………………………… 099
    2.4 创造性运作规律:结构性与限定性递归运作 …… 115
    2.5 创造性运作规则与语法 ……………………… 133
    2.6 语言普遍原则与语言系统的开放性 ………… 138

第三章 外语教学与语言创造性特征的缺失 …………………… 143
    3.1 外语教学师者的"惑" ………………………… 143
    3.2 二语习得与外语学习 ………………………… 147

3.3 目标语言的形式和意义与外语教学 …………………… 155
3.4 语法的缺失 …………………………………………… 157
3.5 外语教材与语言创造性运作规则的缺失 …………… 166
3.6 外语教材编写的改进与外语教学的有效方法 ……… 191

结束语 …………………………………………………………… 195
参考文献 ………………………………………………………… 197

飘浮在山顶上的云朵，只有从远处眺望才有确定的形状，而一旦我们走进其中，便化为了一片灰蒙的雾气；与此相仿，各种语言的作用和特征虽然从整体来说可以清晰地认识，可是一旦我们着手考察与其特征有关的具体细节，我们的对象便仿佛从手中溜脱。

——洪堡特，2001:6

第一章　人类语言：共性、本质、两面性与普遍原则

1.1　语言是否存在简单明了的普遍规则

人类语言是否存在着美国语言学家乔姆斯基（Noam Chomsky）一生所致力探索的"既高度概括，极为简单明了且又极具生成能力的普遍规则"（石定栩，2002：序4）？倘若不存在，为何它能成为世界上几乎所有的人都会使用，且能够达成相互理解目标的交际媒介？或者说，人们凭借"何物"自由地说话，同时又能听懂他人的话语？如果不存在，为何几乎所有的儿童都能在五岁左右时毫不费力地理解和说出自己的母语？为何人类语言可以永久地无限发展？

能够认知以上问题无疑具有很大意义，但并不容易。因为单就语言本身而言，这一人人每天都在使用、熟悉得像呼吸或者走路那样理所当然的事，其实并没有被人们真正地、全面地了解。对于一般语言使用者来说，使用语言是再自然不过的事，很少人会费心去思考和关注语言是什么。然而，令人费解的是，专门研究语言的学者和专家对于语言究竟是什么，至今也未能达成一致，这个问题

也没有令人满意的诠释。或许这是因为人们可以从不同的研究取向或角度去观察语言,从而得出不同的结论。例如,"语言是一种心灵的活动,是一种社会现象";"语言是交流思想的工具";"语言是现象,语言器官、语言系统是本质";"语言是言语交际的方式";"语言是用来表达或交流思想和感觉的一套声音,即这些声音互相结合的系统"。当然,以上所列举的仅为从哲学、社会学、心理学、语言功能和形式等不同领域的研究中得出的几个典型的定义。事实上,几个世纪以来,语言学家和语文学家们一直在尝试诠释语言的本质,据统计,仅仅有关语言的定义就不下百种。这令人们不由质疑《圣经》中"巴别塔的故事"背后是不是还有什么尚未被揭示出来的"隐情":上帝当时在弄乱人类所使用的统一语言时,是否还弄乱了人们对语言的认知能力?倘若不是如此,为何人们,甚至语言专家都难以看清其本质,说不清楚语言究竟是什么?为何关于语言会产生诸多大相径庭的观点?为何关于它会有诸多说不清、道不明的矛盾?

一个最典型且常被引用的矛盾是:

每一种自然语言都是极其复杂的,可绝大多数的人在幼儿时都轻而易举地学会了他们的母语。

长期以来,尽管语言研究者在"人类语言究竟是什么"上未能达成一致的观点,然而对于语言的复杂性却似乎有着一致的认识。瑞士语言学大师索绪尔(2003:110)就认为"语言系统的性质太复杂"。他指出:"因为这个系统是一种很复杂的机构,人们要经过深入思考才能掌握,甚至每天使用语言的人对它也很茫然。人们要经过专家、语法学家、逻辑学家等的参与才能对某一变化有所理解;但是经验表明,直到现在,这种性质的参与并未获得成功。"美国语言学家爱德华·萨丕尔(2010:8)也指出:"说话并不是一种简

语言普遍原则的创造性运作

单的活动,不只是由一个或几个生理地适应于这用途的器官来进行的。它是一张极端复杂、经常变动的调节网(在脑中、神经系统中,以及发音和听觉器官中),用以满足交际的要求。"尽管乔姆斯基相信人类语言存在着极为简单明了的普遍规则,但他也认为"一种语言是一个极其复杂的体系"(乔姆斯基,1984:12)。虽然语言学家达成了"语言是极其复杂的"的共识,但同时注意到了这样一个不争的事实:人类儿童在短时期内都能够迅速熟练地掌握其母语。

对于这一矛盾,语言学家自然有着不同的解释。其中一个极为著名和颇有争议的诠释当数乔姆斯基基于生物语言学研究取向的"天赋论"假设。他认为语言是某种天赋,儿童的大脑里天生就有一个"语言器官"(language faculty),或"语言习得设置"(language acquisition device)。这一"语言器官"具备了基本语法关系和语法范畴的知识。

"乔姆斯基天赋假设是建立在他自己的观察之上,即一些重要的事实不能用别的方式来充分解释。第一,儿童学习母语非常快而且毫不费力。考虑到小孩子智力上不成熟,还不能学习任何其他科学知识,那么他们学语言的速度的确令人吃惊。儿童习得母语都是在完全没有正式、明确的讲授下进行的,输入的是退化的语料(degenerate data),但输出的却是完美的语言系统(a perfect language system)。第二,儿童学习母语的环境差异悬殊。他们也许很擅长于不同的事物,但在第一语言习得上差异极小。第三,儿童在有限的时间里掌握了语言的全部语法,不但能理解并造出自己听到过的句子,而且能造出以前从未听到过的句子。儿童所掌握的与其说是个别的句子,毋宁说是一套规则。所有这些都表明,尽管婴儿出生时不懂语言,但他们与生俱来就有能够逐渐学会语言的

能力,就像他们天生就有能力学会走路一样。"(胡壮麟,2007:311)

乔氏以上"天赋论"的理据实际上并不令人信服。因为他观察到的"重要的事实"明显存在问题。例如,"儿童学习母语非常快而且毫不费力"是事实,但儿童"输入的是退化的语料""输出的却是完美的语言系统"很明显是乔氏个人的观点。在自然语言环境下,儿童耳濡目染的是"退化的语料",输出的是"完美的语言系统",这一点显然存在争议。又如,儿童"能理解并造出自己听到过的句子,而且能造出以前从未听到过的句子"无疑也是事实,但"儿童在有限的时间里掌握了语言的全部语法"则显然是乔氏主观的判断。儿童能理解和造出听到过和未听到过的句子,这并不能证明他们已经掌握了"语言的全部语法"。很明显,乔氏刻意把一些事实和自己的观点混淆在了一起。而这种把事实与观点夹杂在一起的"理据",一方面贬低了自然语言环境的作用,另一方面又夸大了儿童语言输出的"结论"。因此,建立在存在诸多问题的"事实"之上,把儿童能迅速掌握其母语归因于一个科学界尚不能证实的所谓"语言习得设置"或"语言器官"的假设是站不住脚的。这也是"很多认知科学家都认为这叫人难以置信,而且至今这种状况并没有改变。认知心理学家仍然对乔氏之说持强烈的怀疑态度"(石毓智,2006:2)的原因。遗憾的是,当今的科学研究对儿童是否天生就有这样的"语言习得设置"同样也无法证伪。而在语言学界,尽管存在着与乔氏不同的观点,但质疑者似乎也未能提出很有说服力的理据进行反驳。

关于语言的这一"矛盾"实际上包含了两个命题:一是人类语言是极其复杂的,二是儿童在短时期内都能够迅速熟练地掌握其母语。尽管语言学家们似乎对第一个命题已达成共识,但它显然不同于"太阳从东方升起"这样无法辩驳的硬事实。因此，人们自然可以或应该对此提出质疑。我们的质疑基于这样一个自然朴实的观点：语言作为人类交际的媒介，其设计首先应该是极为简单的。因为这一交际媒介设计的目标受众是所有人类，无论其智商高或低。既然儿童能迅速地掌握它，那它就必然存在幼儿在智力尚不成熟时期就能"快且毫不费力"习得的东西，或者说存在极为简单明了的运作"普遍规则"。第二个命题似乎是个不争的事实，但从另一视角来看，这个命题也是存在问题的，即没有衡量儿童"熟练掌握其母语"和"掌握语言全部的语法"的标准的问题。显而易见，没有一个科学的衡量尺度，就难以对这一命题做出全面、客观的判断。

我们质疑"人类语言是极其复杂的"的共识，对儿童"熟练掌握其母语"的衡量标准等问题的提出，目的在于尝试用有别于乔姆斯基的方式，对以上所讨论的"矛盾"进行充分解释。而要达到这一点，我们就还得直面那历久弥新而又充满争议的根本性问题：语言究竟是什么？

1.2 语言是什么

辞典总是给予人、事、物以客观和朴实的诠释，我们不妨先来看一下一些英语权威辞典有关语言的定义。

《朗文当代高级英语辞典》(1998:849)中的定义为：

　　a. 人类通过言语进行表述的系统(the system of human expression by means of words)；

　　b. 某一民族或国家所使用的言语的特殊系统(a particular

system of words, as used by a people or nation)。

《麦克米伦高阶英语词典》(2003:798)中诠释为:

c.人类交际所使用的口头或书面言语的方法(the method of human communication using spoken or written words);

d.一个国家、地区或社会团体所使用的言语的形式(the particular form of words and speech used by the people of a country, area, or social group)。

《柯林斯COBUILD英语词典》(2000:932)有如下诠释:

e.一个国家或地区的人用来说话或写作的由一套声音和文字构成的交际系统(a system of communication which consists of a set of sounds and written symbols which are used by the people of a particular country or region for talking or writing);

f.由一套声音和文字构成的交际系统的使用方法(the use of a system of communication which consists of a set of sounds or written symbols)。

《朗文语言教学及应用语言学辞典》(2000:245)给出的定义为:

g.人类的交际系统,由有结构组织的语音系列(或其书面系列)构成,这些语音系列组成更大的单位,如语素、单词、句子、话语[the system of human communication which consists of the structured arrangement of sounds (or their written representation) into larger units, e.g. MORPHEMEs, WORDs, SENTENCEs, UTTERANCEs]。

从以上辞典给予的定义可以归纳出以下两点:(1)语言是言语(words)的系统(system);(2)语言是由声音和文字(sounds and written symbols)构成的交际形式与方法(form,method)。

我们再来看看世界上著名的语言学家关于语言的诠释：

h.爱德华·萨丕尔(Edward Sapir,2010:7)在其1921年发表的《语言论》中指出：

"语言是纯粹人为的,非本能的,凭借自觉地制造出来的符号来交流观念、情绪和欲望的方法。"

(Language is a purely human and non-instinctive method of communicating ideas, emotions and desires by means of voluntarily produced symbols.)

i.乔姆斯基(Chomsky,1957:3)则声称：

"从现在起,我将把语言视为一套(有限或无限的)句子,句子的长度有限,由一套有限的元素构建。"

[From now on I will consider language to be a set (finite or infinite) of sentences, each finite in length and constructed out of a finite set of elements.]

j.玛瑞欧·佩(Mario Pei,1966:141)指出：

"语言是通过声音进行交际的系统,即某一社区的人通过说与听的器官,使用具有任意的约定俗成意义的声音符号。"

(Language is a system of communication by sound, operating through the organs of speech and hearing, among members of a given community, and using vocal symbols possessing arbitrary conventional meanings.)

k.沃德霍福(Wardhaugh,1972:3)的定义是：

"人类用来交际的一个任意的声音符号系统。"

(Language is a system of arbitrary vocal symbols used for human communication.)

可以看出,除了乔姆斯基,其他语言学家对"语言"的诠释均增添了许多形容词作为修饰语或限定语,如"人为的"(human)、"任意的"(arbitrary)、"约定俗成的"(conventional)等。如果剔除其中带有不同研究取向的修饰或限定语,以上语言学家的诠释则可归纳为:1.语言是通过"声音符号"(sound/vocal symbols)进行交际的方法;2.语言是一套声音符号系统(system of vocal symbols)。不难看出,辞典的定义与语言学家的诠释实质上是一致的。辞典定义中的关键词"言语"(words)被抽象地概括为"声音符号"(sound/vocal symbols)。有所不同的是语言学家的诠释只是强调了语言的声音符号,而未把语言的文字符号(written representation)包括在内。

语言学家忽视语言的文字符号或书面语显然与语言学界长期把"声音符号视为语言第一性"的观点密切相关。诚然,"声音符号为语言第一性"的观点并没有错,因为语言首先是通过口、耳来实现人与人之间的交际的,然而,文字符号毫无疑问也是人类语言的一个长期客观的存在。随着人类步入文明社会,步入新的信息时代,特别是互联网时代,文字符号或书面语的使用已经越来越普遍,成为人类交际中一个不可或缺的重要组成部分。正因如此,"语言与文字的关系正在得到越来越多的重视","文字对于知识积累的重要性日益凸显,文字与语言的关系需要新的阐述"。(叶蜚声、徐通锵,2010:修订版序)

事实上,尽管爱德华·萨丕尔(2010:7-17)在《语言论》中认为语言"首先是听觉的符号",但他同时也承认"它们[文字符号]已经不再是正常语言的副产品"。他进一步指出:"书面语[文字符号]和口语[声音符号]是点对点地相等的。书面形式是口语形式的第二重符号——符号的符号,它们对应得如此严格,以致不仅在理论上而且在某些专用眼睛读书的人的实践上,又可能在某些类型的思想里,书面形式可以完全代替口语形式。"

到了21世纪,在这个信息爆炸的时代,萨丕尔所指的"理论"、"实践"以及"思想类型"的概念实际上已经扩大至一个以前完全不可想象的范围。这个范围甚至涵盖了人类日常生活的各个方面。也就是说,书面语或文字符号的广泛使用已经大大改变了人类交际的方式,成为一个非常普遍的交际现象,如,互联网上信息的交换、微信聊天、银行转账、网络购物、线上订票,等等。另一无可辩驳的事实是,在学校里学习一门语言,人们从来就没有把声音符号与文字符号分开过。相反,它们总是被紧密地联系在一起。在衡量一个人掌握语言的程度时,书面语总是语言测试中必不可少的重要部分,其权重甚至远远超过口语测试。总之,文字符号与声音符号同样是语言系统不可或缺的组成部分。因而,要确切、全面地诠释语言,就不能再把文字符号排除在外。

明确了这一点,我们再来审视上述有关语言定义中的几个关键词及其关系:

言语(words)、声音符号(sound/vocal symbols)、形式或方法(form or method)、系统(system)

"言语"和"声音符号"是语言定义中的关键词。所谓"言语"指的是可以说出的,用来表示思想、物体和行为等的声音(one or more sounds which can be spoken to represent an idea, object, action, etc.)。而"声音符号"则是指人体器官发出的带有意义的一套特定声音,其意义也是表示思想、物体和行为等。很明显,两者所表达的意思是相同的。换言之,

言语(words)= 声音符号(sound/vocal symbols)

"言语"(words)可以是无形的,不同的"声音"体现了不同的"声音

符号"(sound/vocal symbols)。但如果我们接受文字符号（written representation）是语言的一个组成部分,它又可以是有形的,其形式就是声音符号的视觉形式。因而,

言语＝声音符号＝文字符号

将"言语"或"声音符号与文字符号"诠释为人类用来交际的形式或方法,是从功能的角度去定义语言。也就是说,人们是通过言语或这些带有意义的声音或文字符号的媒介进行交际的。

言语＝声音符号＝文字符号→交际的形式或方法

当然,这交际的形式或方法是由一套特定的声音或文字符号依照"约定俗成"的规约组合构成的。根据《朗文语言教学及应用语言学辞典》(2000:245)的诠释,这些声音符号与文字符号是有其"结构组织"的语音或书面[the structured arrangement of sounds (or their written representation)]系列,如语素、单词、词组、句子等。换言之,它们有不同层次的结构形式或单位。它们之间可以建立起不同层次的联系,即可组织或组合成不同的系列或语言单位,如语素组合成词,词组合成词组,词组组合成句子等。由此可见,所谓交际的形式或方法指的是在这一套特定的声音或文字符号范围内的有其规律的组合运作。它们之间的关系是一种相互联系着的部分与整体的关系。而部分与整体形成了一个有机的整体,即交际的系统：

言语＝声音符号＝文字符号→交际的形式或方法→交际的系统

我们知道,言语或声音与文字都是特殊的符号。它们不是毫无意义的"噪声",而是具有"约定俗成"意义的特定符号。换言之,这些符号的不同层次的结构形式均被赋予了一定的意义。然而,尽管如此,并非所有的语言系列单位或结构形式都是可以直接被用来

交际的最终表达形式。例如,语音、词与词组等系列,它们的结构形式只是"可进行交际的最终表达形式的组成部分"。而可用于交际的最终表达形式就是一个个"完整意思的表达",即句子的结构形式。从这个意义上看,"言语"(words)就可以被视为一组组有其结构形式的整体、有其组合规律和语义相互关联着的词语,即以句子形式组合的"词语"(words in the forms of sentences)。这样,所谓"言语系统"或"声音符号系统"则可从整体和形式上具体化为句子的系统。我们的这一结论恰好印证了乔姆斯基在上文中(参见 i.)所阐明的观点,或与其吻合:语言是"一套(有限或无限的)句子,句子的长度有限,由一套有限的要素构建"。尽管句子只是语言系列的层面之一,但这一层面实际上涵盖了语言各个不同系列层面的组合,是一具有概括性的特殊层面,或者说语言层面。

显然,这一结论是自然的,具有心理上和逻辑上的现实性。正如爱德华·萨丕尔(2010:31)所指出的:"句子,不仅在逻辑上存在或抽象地存在,它还和词一样,也有心理上的存在。给它下定义并不难。它是一个命题的语言表达。它把说话的主题和对这个主题的陈述二者联结起来。"事实上,很多关于句子的诠释都是基于逻辑和心理的层面,把句子分为主语和谓语两个部分,主语为"表述对象",谓语为"对表述对象的陈述"。不难看出,这两者的"联结"或组合呈现的就是一个语义完整的表述框架。因此,我们完全可以理解为何传统语法一直坚持认为"句子是能表达完整意思的语法单位";为何"在当代语法中,句子被视为最大的句法单位,是结构形式的上限"(梅德明,2008:41);为何关于语法的定义总是与句子的运作组合联系在一起。不仅如此,在语言学研究中,尽管研究的视角和取向不同,但句子,这一逻辑结构形式,总是最常被使用的平台。例如,布龙菲尔德(Leonard Bloomfield,1985:207)在其

《语言论》"句子类型"的章节中所列举和分析的话语——"Poor John ran away.";乔姆斯基(Chomsky,1979:8)为其"语法自治"的观点寻找理论根据而创造的名句——"Colorless green ideas sleep furiously.";萨丕尔(2010:72)在谈到"语法概念"时所详细分析的例子——"The farmer kills the duckling."。

同样明显的是,这样的诠释也符合语言的真实性。章振邦等(1985:7)在《新编英语语法概要》中指出:"当人们使用语言进行交际时,不论是对话还是独白,不论是三言两语还是长篇大论,都离不开句子。句子在具体的语境中能够表达相对完整的意思,即能够说明一个情况,提出一个问题,下达一个指示或表达一种感情。正是句子的一来一往才使人们的思想交流成为可能;也正是通过一连串意义相关的句子的有机组合[语篇]才使人们能够表达连贯的思想,进行诸如归纳、推理之类的思维活动。"这也是我们在日常生活中常会听到"我来说几句""他让我带句话给你"等句子的原因。从二十世纪起就风靡全世界,至今仍被广泛使用的英语教材《英语九百句》就是基于句子编撰的,谁也不会去怀疑它是不是教授语言的教材。在学校里,学生学习一门语言,需要掌握的听、说、读、写等技能事实上就是学会听话、说话、读话(书面语)和写话(书面语)。而这"话"就是一个个语义完整的表述,即句子。因此,他们从认字开始,进而学习组词和造句等,就是为了听得懂、说得出或读得懂、写得出句子。当然,这其中自然也包括了听说过或未听说过的句子以及由多个语义相关的句子组合在一起的语篇。

由此可见,乔姆斯基将语言诠释为"一套(有限或无限的)句子"是有理据的,符合语言的现实。然而,乔氏的上述定义也并不是理想的。从他的定义可以看出,除了从整体上把语言界定为"一套(有限或无限的)句子"外,他还诠释了句子构建成分的属性,即句子"由一套有限的要素（elements）构建"。用"一套要素"来诠释语言构建成分的属性原无不妥，但将具体的"句子"与抽象的"要素"相提并论就显得不太协调。有形的"一套（有限或无限的）句子"应该有比抽象的"一套有限的要素"更加匹配的诠释。

"一套任意的声音符号"似乎是个更好的版本。然而，正如上文所述，语言系统如果还应包括与声音符号相对应的文字符号，这一诠释就显得不足。另外，该诠释中使用"任意的"（arbitrary）这个最常被引用的形容词来描述或限定声音符号也存在问题。不难看出，这一诠释源自索绪尔提出和强调的语言"任意性"（arbitrariness）的特征。该特征指的是声音或语言符号的形式与意义之间没有天然的联系，即语言符号的所谓"所指"与"能指"没有必然的关系。然而，关于语言这一特征的普遍性也并不是没有争议。实际上，许多语言学家提出了相反的证据。例如，朗葛克尔（Langacker, 1987:12）在《认知语法基础》中就指出："索绪尔过分强调了语言符号的任意性，例如由多词素构成的语言符号就是非任意性的例证，其间的理据是可被分析的，即使单个词素中的任意性也须加以限制。语言中普遍存在类比和语言象征的现象，这在词汇的进化过程中不断起着许多理据性的作用。"也就是说，语言符号的"所指"与"能指"也可以有必然的关系，我国的象形文字形式就是一个很能说明问题的例子。例如，"好"这个字是由"女"和"子"组合而成。它既可以理解成"女子"（"子"为"人"的通称）就是"好"，也可理解成有"女"（"女"指"女儿"）有"子"（"子"指"儿子"）就是"好"，甚至还可以理解为女子与男子结合在一起就是"好"。毋庸置疑，像这样可被分析的语言设计理据在我国的文字里比比皆是。

事实上，语言研究者还注意到了语言任意性的另一面——"规约性"（convention）。也就是说，虽然语言符号的形式与意义之间没有"天然的"联系,但它们之间却存在着"约定俗成"的关系。例如,一旦把"印有文字的纸装订成册,可用来阅读的东西"任意地命名为英文的"book"或中文的"书"而使它进入交际流通时,其就具有了"规约性",人们也就不能再随意地改变它。因为"book"或"书"的形式与意义已经被"约定俗成",成为被广泛接受的固定表达形式。或许正因为如此,玛瑞欧·佩在上述对语言的定义(j.)中就把语言符号诠释为"具有任意的约定俗成意义的声音符号"。

不难看出,无论是使用"任意的"还是使用"任意的约定俗成意义的"来修饰或限定语言符号都是基于"语言设计特征"(language design feature)的视角。因而,其隐含义(connotation)显然就带有"设计"的取向,即语言符号是如何(how)构建的。而如果要定义(define:explain exactly)某物,要确切地诠释某物,其隐含义就应该在于某物是什么(what)。从这个意义上看,上述对语言符号的修饰或限定也有需要斟酌的地方。

当然,这种斟酌还是可以以"任意的约定俗成意义的"语言符号为出发点,但其聚焦点则应该从"符号是如何构建的"转向"符号是什么"。沿着这一思路,我们所要做的就是从"任意的约定俗成意义的"语言符号背后找出其所具有的固定属性。仔细斟酌方可看出,不论是"任意的",还是"约定俗成意义的"声音或文字符号,它们均是在诠释语言符号与意义之间建立起的联系。而这一联系所揭示的不变的属性就是:这些声音或文字"被赋予了意义",或者说被附加上了语义的价值。这样,被赋予了意义的(meaning-assigned)声音就已不再是噪声,其相对应的文字也不是毫无意义的"鬼画符",而是人类用来表达思想的语言符号。很明显,通过这一聚焦点转向而得出的语言属性的结论不会引起任何争议。也就是说,使用"被赋予了意义的"限定词要比用"任意的""约定俗成意义的"之类的修饰或限定语更能体现人类语言符号的普遍(universal)特征。

综合以上的讨论,我们可以尝试将语言定义为:

> 语言是以句子的形式构建的言语系统,句子是一套被赋予了意义的声音或与之相对应的文字符号的组合。
>
> Language is a system of words in the form of sentences combined out of a set of meaning-assigned sounds or its corresponding written signs.

以上对语言的定义,首先,明确地把与声音对等的文字符号包括在内;其次,用"被赋予了意义的"这一限定语替代了"任意的约定俗成的"这一修饰语;最后,界定了语言的具体形式。毋庸置疑,这一定义具有重要的意义:它明确了"言语"(words)是以句子为表现形式的词语组合(words in the form of sentences),句子是人类进行交际的具体形式和方法。这也就意味着语言是句子的系统。简言之,语言就是人们所说或所写的"话",而这"话"是以句子的形式来构建一个个完整的意思。

把语言定义为以句子形式构建的言语系统,就使无形和抽象的言语(words)具有了具体的表现形式——句子(sentences)。从这个意义上看,它同时又为界定一个人是否掌握一门语言提供了一个最基本或最低的衡量尺度,即他是否能说出或听懂句子。事实上,在乔姆斯基为其天赋论假设提供"重要的事实"时,他显然是采用了这一最低的衡量标准。虽然说将该"标准"用于大致衡量儿童是否"迅速地掌握其母语"可以被接受,但其所得出的结论——"儿童在有限的时间里掌握了语言的全部语法"和"儿童输出的却是完美的语言系统"却显得很勉强。因为这一最低衡量标准并不具备测定儿童是否掌握了"语言的全部语法"和是否输出了"完美的语言系统"的尺度。严格说来,掌握"语言的全部语法"和输出"完美的语言系统"是学会一门语言的最高标准。而要真正测出这一最高标准无疑需要将与声音符号相对应的文字符号纳入测试的范围。但是乔氏的衡量标准显然并没有将这一点考虑在内。而如果我们将声音符号与文字符号并举,按照现行国际通用的语言能力测试标准,如"雅思"或"托福",去衡量一个人掌握语言的熟练程度,又有多少约五岁的儿童可以顺利通过测试,可以达到"熟练掌握"一门语言的等级呢?由此可见,乔氏得出的结论只是依据自己的观察推断出的个人观点,并非客观事实。乔氏在为其天赋论假设举证时,一方面有意地贬低了儿童语言输入的作用,另一方面又夸大了儿童语言输出的事实。乔氏之所以这么做,显然是出于其生物学研究取向的需要,出于为其天赋论假设或为其所谓人的大脑中有一与生俱来的"语言习得设置"观点提供"事实"依据。这样,他的理论就能够解释结构主义语言学家所不能解释的现象:"为什么每个儿童都能在短短的两三年中凭其有限的经验学会如此复杂的语言,而且任何一种语言都能在大致相同的时间内学会。"(徐烈炯,2009:14)对于难以解释的这一"矛盾",人们会从不同的角度进行探讨是很自然的,在人类遗传的因素中寻求答案无疑也是很好的研究取向之一。然而,在生物科学尚不能证实儿童是否存在"天赋"或"语言器官"之前,至少乔姆斯基所观察到的重要"事实"和所做出的结论是令人难以接受的。

由此引起的一个问题是:"语言是极其复杂的",这一从未被质疑的共识或"天赋论"的重要逻辑前提,是否真正体现了人类语言的全面图景和实质?

语言研究者之所以会产生语言是"极其复杂的"的共识,主要原因有二:一个涉及语言本体,一个涉及语言研究的取向。关于语言本体的原因是，语言的组合运作有多个系列层级——音、词、词组和句子，而每个层级的组合都存在其规则，以及许多可供研究的"细节"。研究者在各自研究的领域里考察其相关的具体"细节"时，确实发现了很多复杂的语言现象，例如，冠词的使用、动词体现其"时""体""态"等的形式变化、长短不一千姿百态的句子、难以解释的惯用法、高深的修辞格以及耐人寻味的递归现象，等等。而关于语言也有着诸多不同的研究取向，如哲学、社会学、心理学、生物学等。这些把语言与社会、文化、心理甚至"大脑"联系起来的研究显然超出了对语言本体的研究范围。因而，在诸多不同研究领域里就必然会有或衍生出各式各样与语言相关的错综复杂的现象。然而，仅仅基于语言本体存在着复杂语言现象的"细节"，就把其认定为语言的"全部事实"，理由并不充分。同样，仅依据社会、文化甚至人类器官等与语言相关的外在因素引起的十分复杂的现象，就从实质上认定语言是"极其复杂的"，也不妥当。

诚然，我们对"语言是极其复杂的"这一观点产生质疑并不是试图否认语言存在着极其复杂的现象，而是想要探讨这些极其复杂的语言现象是否体现了人类语言的全面图景和实质。倘若以上问题的答案是否定的，那么，乔氏的天赋论假设就失去了十分关键的逻辑前提。这样，乔姆斯基所观察到的"重要的事实"又意味着什么？能给我们带来什么样的启示？一个很自然的推断是：考虑到儿童的智力尚不成熟，且存在生活环境的差异，在这种前提下儿童都能够"迅速毫不费力地"掌握其母语，能够说出和理解听到过或未听到过的句子，就意味着另一种可能性：人类语言存在着与"极其复杂"相对立的"极为简单明了"的一面。也就是我们在上文所提到的，语言存在着与儿童智力相符、能够被他们毫不费力就习得的东西，或者说具有极为简单或易于操作的普遍运作规则。

我们也不妨把这一推断视为语言"简单论"假设。简单论假设并不否认语言存在着极其复杂的现象,但坚持认为语言具有简单明了的一面。我们提出这一"假设",目的不仅在于揭示语言简单的一面,从而能够展现人类语言的全面图景,还在于尝试探讨语言复杂一面与简单一面之间的关系。通过对这一关系的探讨,去揭示语言的本质和全面运作的规律,即发现本书开首所提出的"既高度概括,极为简单明了且又极具生成能力的普遍规则"。

当然,要达到以上目的并不容易,因为要探讨的涉及面很广,对语言的共性、本质及其运作特别是创造性的运作过程等均要做出较为全面的审视。幸运的是,关于这些问题,世界上已经有许多语言学大师从不同的研究取向出发,取得了许多成果,其中不乏真知灼见。尽管他们阐述的聚焦点和采用的术语不同,但从实质上看,相关的观点及其诠释可谓异曲同工。我们接下来的探索方式将跨越研究者不同研究取向的具体细节,即以阐明原则为度,尝试从整体上对世界上语言学大家和不同语言学派的相关观点进行梳理、对比、分析和归纳,进而对这些问题做出我们的诠释。

1.3 语言的共性

1.3.1 形式与意义的同一性

1.3.1.1 洪堡特的"语言"与"精神"

德国语言学家威廉·冯·洪堡特(Wilhelm von Humboldt,2008:52-60)在其《论人类语言结构的差异及其对人类精神发展的影响》中指出:"语言与精神力量并非先后发生,相互隔绝,相反,二者完全是智能(das intellectuelle vermogen)的同一不可分割的活动。""语言实际上是全身不断重复的活动,它使分节音得以成为思想的表达。""语言的真正质料一方面是语音,另一方面则是全部的感觉印象和自主的精神运动,这种精神运动是借助语言外壳构成概念的必要前提。"

洪堡特以上话语从哲学的视角诠释了"语言"与"精神"的关系,实际上是揭示了语言形式与意义的同一性。他认为语言与精神力量是同时发生的,是同一不可分割的智能活动。这一智能活动的目的是使精神得到体现或思想得以表达。而思想的表达则需要通过"分节音"或语音来实现,即需要借助语音这个"语言外壳"构成的"概念"来实现。不难看出,所谓"语言外壳"或"分节音"指的就是语言的"形式",而由语音构成的"感觉印象"或"概念"则是指"精神"或"意义"。换言之,语音承载着概念,语言是精神的载体。由此可见,语言与精神的关系就是形式与意义的关系,它们是不可分割的同一体。这一关系如图1-1所示。

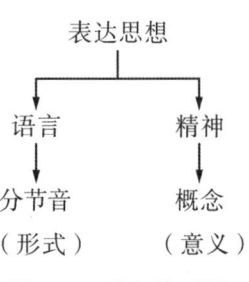

图1-1 形义关系图

1.3.1.2 索绪尔的"能指"与"所指"

毫无疑问,关于语言形式与意义的关系,瑞士语言学家费尔迪南·德·索绪尔(Ferdinand de Saussure)的论述最为精辟。他把语言视为一个符号的系统,认为语言符号包含了两项心理的要素:概念和音响形象。他(2003:102)指出:"我们把概念和音响形象的结合叫作符号;我们建议保留用符号这个词表示整体,用所指和能指分别代替概念和音响形象。"

我们也可用图 1-2 把这一关系直观地表示出来。

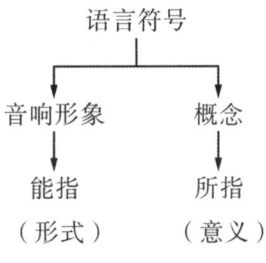

图 1-2　形义关系图

索绪尔以上著名论述从符号和心理语言学的视角诠释了"概念"与"音响形象"的关系。这一关系实质上也就是语言"形式"与"意义"不可分割的同一关系。他把这两者建立起的联系或"结合"称为语言符号,即"概念"与"音响形象"的结合体,或者说,符号是"所指"和"能指"结合在一起的一个整体。尽管索绪尔使用的术语不同,但其观点与洪堡特的见解异曲同工。索绪尔"概念"或"所指"相当于洪堡特的"精神",而其另一术语"音响形象"或"能指"则相当于后者的"分节音"或语音。洪堡特所谓的"智能的同一不可分割的活动"也可在索绪尔(2003:158)的书中找到类似的诠释:"语言还可以比作一张纸:思想是正面,声音是反面。我们不能切开正面而不同时切开反面,同样,在语言里,我们不能使声音离开思想,也不能使思想离开声音。"

实际上,在随后的语言研究者的探索中,尽管研究取向和视角不同,但相关的理论无不体现了语言形义同一的共同属性。

1.3.1.3 乔姆斯基最简方案的"语音层面"与"逻辑层面"

尽管乔姆斯基从其《句法结构》就开始提出"语法自治"的观点,并在随后的研究之中坚持尝试抛开语义,单纯从形式着眼去建立语法。但这种把形式与意义分开的研究事实上从来就没有成功过。他有关句法结构存在"表层结构"与"深层结构"的理论就是一个很能说明问题的例子。尽管使用了不同的术语,但从实质上看,所谓的"表层结构"指的就是语言的形式,而"深层结构"表明的则是语言的意义。又如,乔姆斯基最终提出的"最简方案"实际上也未能分开具有同一性的语言形式与意义。

图 1-3 为乔姆斯基最简方案中句法生成的流程。

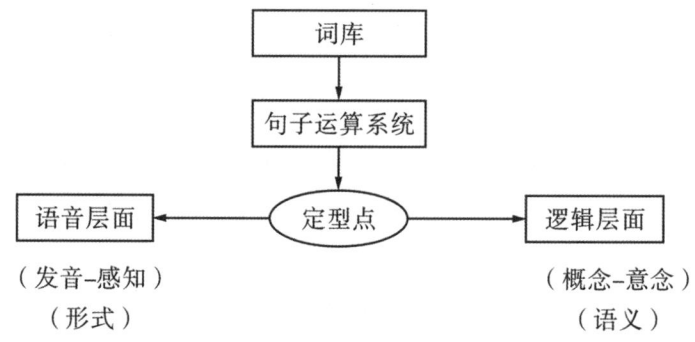

图 1-3 句法生成流程图

该最简方案假设人类自然语言共用一套"运算"系统,人们只需用有限的几种运算方法就可以构建所有合乎语法的句子。该流程始于"词库",随机抽取一堆词,然后进行"运算"或"合并",最后生成"定型点",即句子。徐烈炯在其《生成语法理论:标准理论到最简方案》(徐烈炯,2009:332)中把该流程称为"更加简化"和"只留下了必不可少部分"的新句法生成模型。他诠释说:"句法生成的句子最终必须通过语音表达出来,必须表示一定的意义,这就需要句法与语音的界面及句法与语义的界面。Chomsky 把前者称为发音-感知(articulatory-perceptual)的界面,其作用是驱动说话者发声,听话者感受声音;把后者称为逻辑界面,是概念-意念(conceptual-intentional)的界面,其作用是驱动说话者表达意思,听话者理解意思。"不难看出,无论句法生成的句子如何"运算"(选取、合并、移位、特征核对等),最终还是必须通过语音来表达一定的意义。换言之,这一运算的结果(表达意思)需要通过"语音"这一语言"形式"来实现。在最简方案里,尽管"语音"被贴上"发音-感知界面"或"语音层面"的标签,"一定的意义"被贴上"概念-意念界面"或"逻辑层面"的标签,"句子"被贴上"定型点"的标签,但其具体运算过程以及"定型点"的生成与语音始终是紧密联系在一起的。显而易见,语音产生时就是说话者在"发声"或"表达意思",与此同时,听话者则在"感受声音"或"理解意思"。通俗地说,语音承载着意思,意思存在于语音之中。很明显,乔氏最简方案的流程最终也未能成功将语言的形式与意义分开,相反,它却从句子运作的层面体现了语言的形式与意义同一的普遍共性。

1.3.1.4 构式语法的"象征单位"

构式语法是在对乔姆斯基生成语法进行反思和批判的过程中逐步形成的新语法理论体系。与乔氏把形式与意义分开的研究方式不同,该理论坚持认为语言研究必须将形式与意义紧密结合起来。这是因为语言的形式和意义是密不可分的,它们紧密地结合为一个个"象征单位"(symbolic unit)或"构式"(construction)。"任何语言表达式,包括词素、词、短语、句子乃至语篇,都是象征单位或构式。"(王寅,2011:20)该理论(王寅,2011:18)指出:

"象征指一定的形式约定俗成地代表一定的意义,象征单位就是音位单位与语义单位的直接相连的结合体,两者不可分离。'象征单位'具有双极性,它是一个音位极和一个语义极的结合配对体。"

如图 1-4 所示:

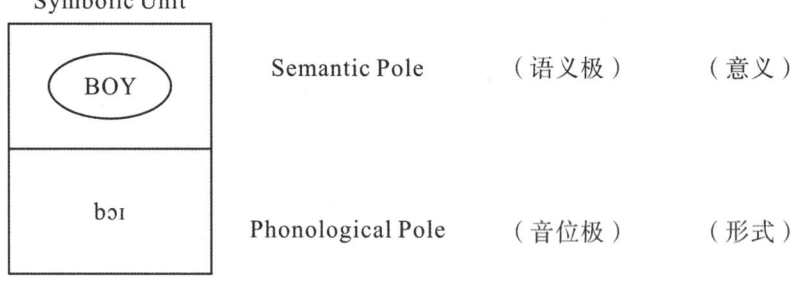

图 1-4　形义关系图

(王寅,2011:19)

"象征单位"是构式语法的核心概念。构式语法把所有语言表达式均视为象征单位或构式,即象征单位或构式涵盖了语言系列的各个层级。这样,小到词素,大到句子乃至语篇均是"音位单位与语义单位的结合体"或是"音位极与语义极的配对体"。从实质上看,所谓"音位极"指的就是语言的形式,"语义极"则为意义。尽管视角不同,采用了不同的术语,但可以看出,所谓"象征单位"或"构式"事实上就是指语言不同层级的表现形式或系列单位,即集形式与意义为一体的语言符号。

1.3.1.5 系统功能语法的"意义"与"形式、语音"和"能做"与"能表、能言"

系统功能语法(胡壮麟,2007:298)指出:"在表达意义时,人们通常有意在系统网络中进行选择。在这个基础上,选择就是意义。韩礼德认为,不同的层面间具有体现关系。对意义(语义层)的选择体现于对'形式'(词汇语法层)的选择;对'形式'的选择又体现于对音系层上'实物'的选择。换言之,'能做'体现于'能表';'能表'体现于'能言'。"

这一关系如图 1-5 所示。

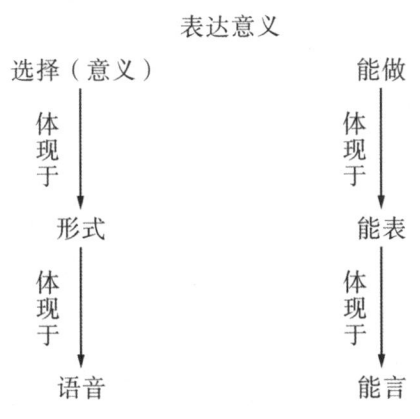

图 1-5　形义关系图

以上论述分别从系统和功能两个角度概括了人们"表达意义"或说出"某一个特定句子"的过程。这个过程就是在语言系统网络的一些子系统中选择"恰当的"意义选项(choices),进而将它们组合成要表达的句子。所谓"选择就是意义"(choice is meaning)或"选项就是意义",根据韩礼德的诠释,是因为"不同的层面间"即词汇语法层面与音系层面间"具有体现关系"。换言之,对意义的选择首先需要对其恰当"形式"选项做出选择,而这些做出的选择最终还需落实到对"语音"的选项上,即对音系层上的"实物"做出选择。不难看出,不同层面间具有的"体现关系"事实上揭示的是意义、形式和语音之间的关系:语音体现的是形式,而形式承载着意义。即

意义＝形式＝语音

同理,所谓"能做体现于能表"则意味着"能做＝能表",而"能表"体现于"能言"则意味着"能表＝能言"。它们之间所谓的"体现关系"也是意义、形式和语音的同一性关系。

　　所以,洪堡特的"语言"与"精神",索绪尔的"音响形象"与"概念",乔姆斯基的"语音层面"与"逻辑层面",构式语法的"语义极"与"音位极",系统功能语法的"意义"与"形式"和"语音"等关系,均从不同的研究取向或视角揭示了语言形式与意义的同一性。不难看出,所谓的"精神""概念""逻辑层面""选择""语义极"等不同术语指的就是语言的"意义",而所谓的"分节音""音响形象""语音""音位极"等不同术语则为语言的"形式"。由此可见,语言形式与意义的同一性是人类语言最基本和最为突出的"设计"特征。人类语言通过这一"设计"将无形的"意义"赋予有形的"形式或语音",即将意义寓于形式或语音之中。这样,有形的语言形式或语音就成为承载着意义价值的"符号",成为可以用来表达思想的特别符号。毫无疑问,语言形式与意义的同一性是人类语言一个最为显著的共性。

　　事实上,语言形式与意义的同一性揭示的意义还不止于此。

1.3.2 表述性

　　语言形式与意义的同一性体现在词素、词、词组、句子等不同的语言系列层级上。也就是说,语言系列的每个层级的组合形式都具有其各自"约定俗成"的语义或承载着一定的意义。这样,语言每个层级的组合形式均是某种意义的"表述形式"或"表达式"。它们都是用来表达意义或交流思想的一套声音或形式。从这个视角上看,形义同一性还揭示了语言的目的属性——表述性。根据《朗文当代高级英语辞典》(1998:1608,940)的诠释,"思想"(thought)包括了"思考的结果、见解、观点等"(a product of thinking;idea,opinion,etc.)的含义。"意义"(meaning)为"用言语或文字表达的那个(人、物和见解)等"(that [being the person, thing, idea, etc.] which you are intended to understand by something spoken or written)。由此可见,所谓表达思想就是对某人、某物或见解、观点等的表述,即表达一个个构成完整意义的或可随时被用来交际的最终表述形式。我们知道,并不是所有语言层级或序列的组合形式都是现成的见解或观点。例如,词素、词和词组都只是见解和观点的组成成分,或者说,它们只是承载着一定的意义,还需要进行进一步的组合运作才能构成一个个整体,即"完整意义"的表述形式。因此,可随时用来进行表述的思想或完整意义只能建立在句子的层级之上,只有句子才是可随时被用于交际的。这个完整意义组合的运作过程始于词素,词素与词素组合构成词,词与词组合构成词组,直至词组与词组组合构成句子。其中,词素、词和词组的组合体现的是"部分意义"组合的表述形式,是为了"完整意义"组合表述形式或句子的构建而做的准备。由此可见,句子与其他语言系列层级的表达形式的关系是"整体"与"部分"的关系。很明显,无论是"部分意义"还是"完整意义"的组合运作无不体现了语言的另一普遍共性——表述性。

1.3.2.1 洪堡特的"表达思想"与"要素的组合"

洪堡特(2008:60)指出:"语言中的一切都是为了一个确定的目标,即表达思想,这种表达活动始自最基本的要素即分节音,而声音正是通过人们赋予它的形式,才获得分节性。"他(2001:13-

14)认为:"显然,在我们人身上存在着两个相互统一的领域:在一个领域里,人能够把固定的要素划分至一目了然的数目;在另一领域中,人能够用这些要素进行无限的组合。而不论在哪个领域里,每个组成部分都既表现出自身独特的性质,同时又体现出它与其他部分的关系。换言之,人具有两方面的能力:一方面,他在精神上通过反思,在机体上通过发出分节音而把对象分解为要素;另一方面,他又将要素重新组合起来,在精神上借助知性的综合,在机体上借助重音,因为正是重音使音节结合为词,使词结合为语句。"

洪堡特的以上论述基于哲学视角高度概括了语言的表述性特征,并诠释了人们"表达思想"的具体组合运作过程。毋庸置疑,人类语言中的一切都是为了"表达思想"这个"确定的目标"。这一论断体现了语言交际的目的属性。他所指出的人们身上具有的两个相互统一的领域,即"固定的要素"和这些要素的"无限组合",则诠释了"表达思想"的运作即通过"部分意义"组合构成"完整意义"的过程。所谓"固定的要素"是指被赋予了形式的"分节音"、"重音"或语音,也即能"在精神上通过反思"而被分解的有限要素。所谓"要素的无限组合"则是指这些有限的"要素"可以被自由地不受限制地组合,即可进行不同的排列组合,从而形成语言不同层面的意义组合形式或表达式。这些表达式均有着"自身独特的性质"和承载着一定的意义。它们之间的组合过程具体体现为"音节结合为词"和"词结合为语句"。很明显,"词"是"部分意义"的组合形式,而"语句"为"完整意义"的组合形式。前者是为后者所做的必要准备,后者体现了部分意义之间组合所构成的语义完整的整体或可随时用来表达思想的形式。

1.3.2.2 索绪尔的"表达系统"与"句段关系"

索绪尔(2003:103)在强调语言符号的任意性时指出:"完全任意的符号比其他符号更能实现符号方式的理想;这就是为什么语言这种最复杂、最广泛的表达系统,同时也是最富有特点的表达系统。"

尽管索绪尔以上论述聚焦于强调语言符号任意性的优越性,但可以看出,他不仅把语言系统视为一个"符号系统",还将其看作一个极为特殊的"表达系统"。他使用了三个形容词的最高级形式来描述这一系统,突出了语言的表述性。这一表达系统的运作在其著名的"句段关系"(组合关系)论述中得到了具体的诠释,揭示了人们表达思想的具体过程。"句段关系"指的是词或语言要素按时间顺序逐个排列进行组合的过程。两个或更多的要素组合起来便是"句段"(syntagme),若干个这样的句段连接起来便构成了句子。不难看出,这里说的"句段"即语言要素或词的组合,体现的是"部分意义"的表达式。而若干句段连接在一起则体现了"完整意义"的表述形式,即能表达人们思考的结果、见解和观点的句子。

1.3.2.3 乔姆斯基的"定型点"与"句法运算"

乔姆斯基是在1957年发表的《句法结构》中表明把语言视为一套(数量有限或无限的)句子的。事实上,其提出的"最简方案"也仍体现出这一点。"最简方案假设人类自然语言共用一套运算系统,只须用有限的几种运算方法就可以构建所有合乎语法的句子。"(徐烈炯,2009:316)所谓"句法运算"实则为构建合乎语法的句子的具体组合运作过程。最简方案的句法生成流程图(参见图1-3)主要由三个部分组成:词库(人头脑里有关词的知识)、句法运算系统(合并)和定型点(句子),其中最为关键的部分显然是句法运算系统。句法运算又分为四个主要步骤:选取、合并、移位和特征核对。"选取(select)"是句子生成运算过程的第一步,即从词库里随机抽取一组词,形成一个词汇系列。这个系列只是为系统的具体运算做好准备。运算过程的第二步是"合并(merge)",即把被抽取的词与词合并为词组,再把词组与词组合并成句子。运算过程的第三步为"移位(movement)"。出于句法的需要,一个句子成分会从一个位置被移到另一个位置,如疑问句中 be 动词和疑问词的移位。而当一个成分被移到了新位置以后,还须在新位置上重新与其他成分合并。运算过程的最后一步是"特征核对(feature checking)"。因为每一个词或词汇系列的词都有其语音、语义以及语法等特征,如名词具有人称、性和数的特征,动词也有其不同的形态特征。因而,特征核对指的是词与词之间合并时还得考虑的规约因素。也就是说,特征核对是词组之间建立起联系的语法关系。

可以看出,乔氏所谓句法运算的最终目的在于"定型点"的构建,即构建符合句法规约的"完整意义"的表述形式——句子。所谓的"运算"实质上体现的是索绪尔的"句段"关系。只是这一句段的运作过程被具体化为了"选取、合并、移位和特征核对"等运作步骤。很明显,这些运作步骤是词与词和词组与词组依据规约进行"合并"的方法。通过它们,词与词、词组与词组合并成符合语法规范的表述形式。这些表述形式的形成是"部分意义"的组合过程,是为了最终形成的"定型点"即"完整意义"的组合形式所做的准备运作。尽管乔氏采用了数学的特殊术语,但其"句法运算"与洪堡特的"要素的组合"和索绪尔的"句段"或组合关系显然异曲同工,都是为了"表达思想"这个确定的目标。

1.3.2.4 系统语法的"句子"与"选择"

胡壮麟(2007:296-297)在《语言学教程》(第三版中文本)中指出:"在系统语法中,系统的概念被当作一条核心的解释性原则,语言整体被认为是'系统之系统'。系统语法试图建立各种关系的一个网络,从而解释在整个语言中各种与语义相关的选择。""系统语法首先关注各种选择的本质和入列条件,一个人通过从各种系统中做出有意或无意的选择,从而能从某种语言里蕴藏的无数个句子中说出某一个特定的句子。"该理论建立的系统网络涵盖了及物性系统、数的系统、时态系统、语气系统等,并尝试通过对这些子系统中不同选择之间关系的详细说明,从而提供构建句子的一整套有效选择的图表。

不难看出,语言整体被视为"系统之系统"是基于社会学视角下的语言层面,这些划分层面或子系统实质上与音、词、词组、句子等语言系列层级是相同的,只是聚焦点有所不同,诠释的面更广泛也更细致。该理论对这些层面或各个子系统的选择均做了较为繁杂的说明,如及物性系统所涉及的多个过程、人称系统的选项以及所谓的"精密度"等,强调了其社会交往的功能,目的在于呈现构建句子的有效选择的规则。该运作过程就是依据"入列条件"在这些不同子系统中做出一些"选择",进而进行组合,直至能够说出"某一特定的句子",即所欲表达完整意思的组合形式。所谓的"入列条件"不仅包括了语法规则,还涉及社会交际规范等规约。尽管如此,可以看出,这个过程所体现的也正是句子的"句段关系"和表达思想的具体规则或方法。换言之,在不同子系统中做出的选择不外乎是选择语言不同系列层面的恰当的组合形式或表述形式。其中,从子系统中依据入列条件选择的形式就是选择符合语法和社会规范的"部分意义"的组合,而完成了这一系列选择的组合就构成了"完整意义"的表述形式,即句子。

1.3.2.5 构式语法的"象征单位"与"整合原则"

构式语法声称任何语言表达式,包括词素、词、短语、句子乃至语篇,都是象征单位或构式;象征单位是音位与语义单位的结合体;象征单位代表着一定的意义。换言之,它们均是表达意义的构式,或表述形式。尽管构式语法把任何语言的表述形式均视为象征单位似乎显得过于宽泛,但凸显了语言最基本的表述属性。

关于象征单位的组合运作,王寅(2011:49)在《构式语法研究(上卷):理论思索》中指出:"认知语言学家并没有彻底否定组合原则,他们一直认为,语言中有些现象还是可以通过组合原则做出解释的,但语义解释'主要的'运作机制还是'整合原则(the principle of integration)',因为语言要素在结合使用的过程中,两者之间或多或少常要做出一点调整,衍生出一些原来要素中所没有的含义。"构式语法承认组合关系有一定的阐释力,能够解释语言中的具有规则性即"可预测性"的现象。但他们同时坚持认为语言不仅仅是词的简单组合。语言要素在组合过程中,还存在着不能用组合关系解释的具有"不可预测性"或非规则性的现象,如习语、熟语和谚语等。因为这些典型的构式会衍生出一些原来要素中所没有的含义。基于此,他们尝试使用"整合原则"来替代组合原则,从而能够解释组合原则所不能解释的语言现象。尽管如此,无论是可预测性强的语言系列层级的组合,还是可预测性弱的、结构和用法奇特的"整合"形式,从实质上看,也都未能超越语言各个层级意义组合的范畴,都是语言系列层级的表达式。

毋庸置疑,"语言中的一切都是为了一个确定的目标,即表达思想",而表达思想则需通过"完整意义"的组合或表述形式。从洪堡特"要素的组合"、索绪尔的"句段关系"、系统语法子系统中的"选择",到乔姆斯基最简方案的"合并"以及构式语法的"整合",尽管所用的术语不同,聚焦点不同,但无不体现了"部分意义"的组合运作过程。其结果均为意义组合的表现形式(forms of combined meanings)或表述式(expressions of combined meanings)。洪堡特的"使词结合为语句",索绪尔的由若干个"句段"串联起的句子,乔姆斯基句法运算的"定型点",系统语法最终选择的"某一特定的句子"等体现了"完整意义"的组合运作或表述过程。由此可见,不同语言系列层级的意义组合过程不仅揭示了句子组合"部分"与"整体"之间的关系,同时也展现了语言的另一共性——表述性。语言的表述性特征体现了其交际(to make opinions, feelings information, etc. known or understood by others)的本质。

1.3.3 结构性

1.3.3.1 斯泰纳的"语言潜在的基本结构"

翻译理论家乔治·斯泰纳(George Steiner)在其专著《巴别塔之后》中坚持认为人类语言存在着基本结构的普遍特征,他(1973:73)指出:"语言潜在的基本结构,对所有人来说,都是普遍的和共同的。人类各种语言之间的差异性本质上是一个表面现象。翻译之所以可能,恰恰是因为遗传方面、历史方面以及社会方面这些根深蒂固的普遍特征是存在的,所有从这个基本结构中派生的语法都能够被有效地放置在人类使用的每一种语言之中并被人们所理解,而无论其表面的形式何等独特和怪异。从事翻译就是要穿透两种语言表面的分歧,把它们之间相似的东西、归根结底是共同的存在根源揭示并发挥出来。"

从以上的论述可以看出,乔治·斯泰纳认为人类各种语言存在着"普遍的和共同的"基本结构。他把翻译的可能性归因于人类语言这一普遍"潜在的""根深蒂固的"基本结构。他认为正是基于该基本结构,人们才有可能把由其"派生的语法"或"独特和怪异"的语言表面形式有效地置于每一种语言之中并理解它们。从这个意义上看,斯泰纳的"语言潜在的基本结构"指的是语言整体的基本结构。斯泰纳从翻译的视角提出的这一卓识显然具有十分重要的意义。首先,翻译是跨语言的交际,其所涉及的至少是两门或更多的语言之间的交际,例如,圣经的翻译就几乎囊括了世界上大多数的语言。因此,语言潜在的基本结构具有普遍性的意义。其次,探索语言潜在的基本结构并不仅仅是翻译的问题,同时也是语言学的问题。翻译所要"揭示并发挥出来"的"共同的存在根源"也是语言学所要揭示的语言普遍特征。尽管斯泰纳并没有明确指出何为这一潜在的基本结构,但他明确地从翻译的宏观视角提出了人类语言潜在的"基本结构"的共性——结构性。

论及语言的基本结构或结构性,我们自然会联想到囊括了语言各个系列层面组合的"象征单位"。但象征单位或"构式"涉及了从语素、词、词组,到句子和语篇等不同的语言系列层级,而要从所有这些不同语言层次的构式中概括出整体的基本结构无疑是不可能的。因此,我们首先要确定的是一个能从整体上体现语言基本结构的概念,或如同洪堡特所说的"语言在它存在的每时每刻都必须具备使它得以成为一个整体的那种东西"(洪堡特,2001:13)。而这"整体的那种东西"所派生的语法显然应该如斯泰纳所说,能够被有效地置于人类使用的每一种语言中并得到诠释与剖析,无论其表面形式是"何等独特和怪异"。从这个视角上看,这一整体的"基本结构"并非语言各个系列层次"部分意义"的组合结构形式,而是一个包括语法规约在内的"完整意义"的组合形式——句子。这样,在语言系列不同层级中只有"句子"符合这一条件。而这与我们在上文对语言的定义——以句子形式构建的系统相符合。事实上,有关人类语言的分类、语法的构建以及其他一些语言学家的相关理论等也都是建立在句子这一基本结构之上的。

1.3.3.2 格林伯格的语言"语序类型"

格林伯格(Greenberg)在《某些主要跟语序有关的语法普遍现象》中将人类语言的基本语序类型做了分类,他认为绝大多数语言的语序可归纳为六种类型:

(1) SOV(主、宾、动)
(2) SVO(主、动、宾)
(3) VSO(动、主、宾)
(4) VOS(动、宾、主)
(5) OVS(宾、动、主)
(6) OSV(宾、主、动)

(梅德明,2008:46)

语言类型学家伯纳德·科姆里(Bernard Comric)在《语言共性和语言类型》(2010:97)中指出:

"虽然我们保留词序类型这个术语,因为这一术语已经固定用来指类型研究的这个领域,但是应该指出,严格地说,我们所关注的与其说是词的次序,不如说是成分的次序,也就是说用成分次序类型的名称更恰当。"

尽管格林伯格以上论述的聚焦点在于人类语言语序类型的划

分,但他所归纳的六种语序类型从这一独特的角度或句子的层面展现了人类语言普遍存在的固有的基本结构。不难看出,这一语序类型的划分均是围绕着 S(主语)、V(谓语)、O(宾语)这三组词或成分的排列顺序,语序的不同仅在于它们之间排列顺序的不同。换言之,每种语言的表述均存在着这三组词或成分的组合形式。而这三组词或成分即主语、谓语和宾语体现的正是句子的基本成分。换言之,六种语序类型是基于句子的基本结构 SVO 的划分。SVO 是人类语言最常见的基本结构或基本句式之一。这样,对于科姆里的上述评论"与其说是词的次序,不如说是成分的次序",我们就可以做更进一步的诠释:与其说是成分的次序,不如说是"句子"成分的次序,或者更确切地说,语言基本结构成分的次序。总之,格林伯格的人类语言基本语序的分类与科姆里的诠释从一个特殊的层面呈现了人类语言具有的又一普遍特征——结构性。

1.3.3.3 语法学家的"主语与谓语"及其句式

语法学家基于逻辑的视角对句子的内部成分进行分析,指出句子是由主语和谓语两个部分组成,即 SV。主语 S 是陈述的对象,往往由名词短语充当,谓语 V 是对主语的陈述,由动词短语充当,可以表述为:句子＝名词短语＋动词短语,即 NP＋VP。也就是说,两者之间建立起的联系或组合就可构成一个语义完整的框架表述。显而易见,两者之间的关系是名词与动词的关系。

我们知道,人类语言普遍存在着两大类(系动词、行为动词)三种动词,即系动词(Vl)、不及物动词(Vi)和及物动词(Vt)。由于其中有两种动词即系动词和及物动词本身的"谓述"不足,需要补足语才能构成语义完整的 VP 表述,因此,谓语 VP 具有五种不同的具体表现形式,即语法学家高度概括的五个基本句式:

SVC,SV,SVO,SVOO,SVOC

其分析如表 1-1。

表 1-1　五个基本句式

S(NP)	V(VP)	V 的类型
S	VC	V=be,系动词
S	V	V=Vi,不及物动词
S	VO	V=Vt,及物动词
S	VOO	V=Vt,及物动词
S	VOC	V=Vt,及物动词

表 1-1 直观地表明,这五个基本句式均未超越 SV 或 NP＋VP 的基本结构框架。也就是说,语言的两大类三种动词都可以在以上的基本句式中找到恰当的表现形式。这就意味着,句子的生成均是基于句子的基本结构或这五个具体表现形式的运作。这也是为什么五个基本句式会被称为"千变万化的句子的结构雏形","能够衍生出无限的实际使用中的句子"(章振邦,1999:23),会被认为是"语言的核心,是骨干"(张道真,2002:339)。从这个视角上看,语言的结构性特征十分明显。

1.3.3.4 萨丕尔的"定型"

美国语言学家爱德华·萨丕尔(2010:31-32)在其 1921 年发表的《语言论》中也有相关的论述。该论述也从句子的视角揭示了语言的结构性:"它[句子]是一个命题的语言表达。它把说话的主题和对这个主题的陈述二者联结起来。""这两部分,或其中一部分,可以加上修饰成分,因而引起各种各样的复杂命题。不管有多少这样的修饰成分加进来,只要每一个都处于限定说话主题的地位,或限定谓语核心的地位,句子就不会丧失它的单一的感觉。"
"这里我们所要说的一点就是:在完成的句子的后面,有一个具有固定的形式特征的活的句型。说的人和写的人可以随意用附加的东西把这些定型(或实在的句子基层结构)掩盖起来,但定型本身却是传统所严格'规定'的,就像根本成分和语法成分是由完成了的词里抽象出来的一样。"

从上述的话语可以看出,萨丕尔认为"命题的表达"就是把说话的"主题"与"对这个主题的陈述"连接起来,或者说,由这两个部分组成,也即 SV 或 NP+VP。这就是他所谓的"固定的形式特征"或"定型"。这一定型是传统所严格规定的,是"实在的句子基层结构"。如果我们接受语言是各种各样命题表达的总和,是一套无限的句子,那么,句子的"定型"就是"实在的"语言基本结构。有意义的是,萨丕尔还认为这一"定型"同时又是"活"的句型。这是因为 SV 或主题与对主题的陈述均可以被不受限制地附加上修饰成分,从而使语言使用者"随时可以创造新的句子"或具有自由地"表现个人风格的机会"(同上:33)。当然,修饰成分的不受限制的附加很有可能把句子的固定的形式特征给掩盖起来,但 SV 的核心地位始终没有改变,总是隐藏在被附加了修饰成分的无限的句子之中。

1.3.3.5 叶斯柏森的"句型"

世界著名的丹麦语言学家奥托·叶斯柏森(Otto Jespersen)在《叶斯柏森语言学选集》(2006:247)中同样表达了相类似的观点:"学习惯用语全凭记忆或重复每一个重要的已经学到的东西,自由用语则要求另一种智力活动。自由用语[要求]说话人在每一个具体情况下都要重新创造,要嵌进适合这一特定情景的词。这样造出来的句子与说话人以前听到过的或说过的句子在某一方面或几个方面相同,或不相同,这对我们的探讨无关紧要。重要的是他在说这句话时,是否符合某种句型。不管他嵌入什么词,他都是用同样的方式造句。即使没有受过专门的语法训练,我们也会感到这两个句子是相似的,也就是说,它们体现了同一个句型。构成句子的词可以变化,但句型是固定的。"

叶氏在区别"惯用语"(formulas)与"自由用语"(free expressions)的差别时持与萨丕尔相似的观点。可以看出,叶氏所谓的"自由用语"指的是经过"重新创造"或"嵌进适合某一特定情景的词"的句子。这与萨丕尔所称的随意附加上修饰成分的句子意思相近。这些被扩大了的句子会让人感觉到与之前听说过或说过的句子有着相同或不同之处。所谓"不同之处"在于句子中嵌入了适合某一特定情景的词,即被"重新创造"过。而相同之处则在于句子在"重新创造"时使用了同样的方式,即"体现了同一个句型"。这就意味着无限"自由用语"的重新创造背后有其固定的"句型"。换言之,千变万化的句子的背后均存在着始终不变的句式或语言基本结构。

无论是斯泰纳语言翻译的角度、格林伯格语序类型的划分,还是从语法中归纳出的句型或语言学的视角,相关论述均揭示了语言普遍存在着的又一重要特征——结构性。五个基本句式是基于语言系列最高层级即句子层级的概括,是"语义完整"的表述形式的"固定的"整体架构。事实上,无限的句子或所有从这个基本结构中派生的语法特征均能被有效地放置在人类使用的每一种语言之中并得到诠释,且为人们所理解,无论其表面的形式何等独特和怪异。基于语言基本结构或句式的基本运作是显性的,因为NP与VP之间建立起的联系或组合具有其"约定俗成"的规约。另外,其"重新创造"的运作则是隐性的。因为人们在生成或创造句子时,可以自由或不受限制地添加修饰语或限定语,使句子的运作具有不确定性。这一不确定性会使句子的表现形式长短不一,千变万化,从而将语言的基本结构掩盖起来。然而,无论句子多冗长和多复杂,语言的基本结构或句式总是"潜于"其中,发挥着不可或缺的框架作用。这就是为什么人们会把它们视为无限句子生成的"雏形"和语言运作的"装置"。

谈到无限句子的生成和语言运作的装置,我们自然会联想到上述萨丕尔的观点——语言"有一个具有固定的形式特征的活的句型"。所谓"活的句型"建立在"具有固定的形式特征"的句型之上,能够被"随意地"附加上额外的东西,或者说在其"句型"成分之上能够被加上不受限制的修饰成分。我们当然也会联想到叶斯柏森"自由用语"的运作,即基于"符合某种句型"的"重新创造"。所谓"重新创造"就是"嵌进适合这一特定情景的词"的句子运作。显而易见,"随意地"加上修饰成分和"自由地"嵌进特定情境的词的意思是异曲同工的。尽管这样的组合运作方式实际上并不复杂,但其足以"引起各种各样的复杂命题",使句子的表层结构产生很大变化,使原本固定的句型成为"活"的句型。这一运作揭示了语言又一十分重要的普遍特征——创造性。

1.3.4 创造性

关于人类语言具有创造性(creativity)的特征,国内外语言学界已经达成了共识,并把它认定为语言的"设计特征"(design features)之一。这一特征也涉及了语言系列的各个层级。

1.3.4.1 有限的语言要素与无限的词

事实上,从古罗马时期开始,就已有语言研究者发现了这一普遍存在的事实:

> 西方人得益于拼音文字,很早就发现语言可以用少量的"字母"(音素)构成无数词语。例如,古罗马人卢克莱修说,"字母"是语言的原质,其数量虽然有限,却可以重复使用,构成大量词语。
>
> (姚小平,2011:409)

中世纪的安德里亚(1997:91-92)在其《基督城》中也有类似的表述:

> 人的能力是无法估计的,他能够把极微小的东西化作极大的用途。只靠少数几个字母,他就能说出好几万个词。

随后,阿尔诺、朗斯洛(2001:23)的《普遍唯理语法》中也有过这样的论述:

> 言语的精神性是人类相对于一切其他动物的最大优势之一,也是人类理智最明显的一种表现:我们使用言语来表达思想,我们用25个或30个音组成数量无限的词。

实际上,并非仅仅西方的拼音文字具有上述的语言优势,其他地方的语言也有。例如,亚洲的日语也只用50个音的重复组合构成了超大量的词汇,用与50个音相对应的平假名和片假名的不同组合构造了文字。又如,被公认为世界上最为特殊和最难学的汉语,情况也相同。从语音的角度上看,汉语拼音字母的数量事实上也很有限,但通过它们不同的组合同样可以构成大量的词。而从汉字的构造形式上看,其所用的笔画种类也极其有限,点、横、竖、撇、捺、折、钩、弯钩等不超过十种,但通过它们不受限制的组合,可以创造出足够表达大千世界的词汇。

用少量的"字母"、"音"、"假名"或"笔画"可以组合构成数量巨大的词汇,这一事实表明:重复使用语言"有限的"要素进行"无限组合"的运作是每一种语言具有的普遍特征。该特征揭示了语言普遍存在着"有限"与"无限"的关系。

1.3.4.2 有限手段与无限运用

关于语言创造性的特征,洪堡特的相关论述显然最为精辟。洪堡特的观点,即"人能够用这些要素(语音、分节音)进行无限的组合",从微观的语音角度表述了语言运作中有限与无限的关系。而其"重音使音节结合为词,使词结合为语句"的观点则把语言有限要素的"无限组合"运作从语素到词的层面扩大至语句的层面。也就是说,语言的创造性还涉及句子的层面,其中自然也包括词与词的组合层面。这也就意味着语言创造性特征实际上涵盖了语言系列的各个层级。不仅如此,洪堡特(2008:87,116)还从宏观的视角得出以下十分经典的结论:"语言面对着一个无边无际的领域,即一切可思维对象的总和,因此,语言必须无限地运用有限的手段。"值得注意的是,他还进一步指出:"语言只确定句子和言语的规则及形式,允许讲话者自由地构筑具体的句子和言语。"换言之,语言有限要素的"无限组合"还有其确定或约定俗成的"规则及形式"。人们在话语实践中还得在遵循语言"规则及形式"的基础上才能自由地生成或创造句子。不难看出,语言创造性运作的"有限"与"无限"的关系中实际上还蕴含着"规则与自由"的关系。

对于洪氏的上述论述,姚小平(2011:233)在其《西方语言学史》中做了以下简明扼要的诠释:"一般说来,我们可以这样理解现在语言活动中的无限与有限,自由与规律的关系:语言创造所运用的规则和要素是确定而有限的,其作用的范围(面向的领域)、产品的规模(句子的数量)、持续创造的潜力(造新词、构新句的可能性)却是不可限约的。"

讨论至此,我们知道语言创造性的特征并不仅体现于少量的"音"可以组合成巨大量的词汇,它还反映在其他语言系列层面的组合之上。也就是说,有限与无限的关系存在于语言系列的各个层面。而各个层面的自由组合还得遵循每种语言各自约定俗成的组合规则及形式。这样,我们实际上就已经把语言的二层性(duality)特征给串联起来了。在语言学理论中,语言二层性特征被视为是语言创造性的重要来源之一。

1.3.4.3 语言的二层性

语言学家里昂斯(Lyons, 1981:20)指出:"二层性是指[语言]拥有两层结构的这种特征,上层结构的单位由底层结构的元素构成,每两层都有自身的组合规则。"(By DUALITY is meant the property of having two levels of structures, such that units of the primary level are composed of elements of the secondary level and each two levels has its own principles of organization.)

从里昂斯上述理论可以看出,语言的这种二层性特征事实上涉及了语言系列的各个层级。语素与词、词与词组、词组与句子、句子与语篇均构成了各自相对的两个层级。换言之,"词"是由其相对的底层结构"语素"构成,"词组"层级由其相对的底层结构"词"构成,"句子"层级由其相对的底层结构"词组"组成,"语篇"层级则是由"句子"组合而成。

上述观点如图 1-6 所示。

```
语素      词       词组      句子      语篇
 └───┬───┘  │        │        │        │
     └──────┴───┬────┘        │        │
                └─────────────┴────────┘
```

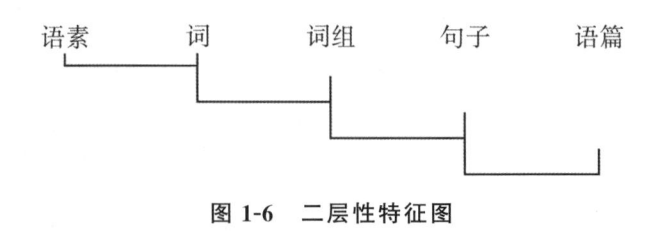

图 1-6　二层性特征图

我们知道,每种语言的要素,如语音或笔画,其数量是很有限的,但通过其无限的"重复"使用,即利用它们进行各种不同的组合,可以构成数量巨大的词。词又可以通过不同的组合形成数量更大的词组,词组再进行不同的组合可以生成无限的句子,而无限句子的组合又可构成无数的语篇。因而,二层性特征被视为"使语言具有强大的能产性"或"创造性"。更确切地说,应该是基于二层性的组合规则使语言具有无限的"创造性"。而这组合规则的实质就是"无限组合"的方式。所谓"无限组合"就是不受限制、自由地重复使用,其体现的正是"递归"(recursive)运作。无穷尽的长句的"制造"就是基于句子的层级,通过"递归使用"无数个从句进行"无限组合"的一个典型例子。

从有限的语素到更高层级的语言单位直至无限的句子和语篇,充分地体现了语言的创造性(creativity)特征。正如鲍林格(Bolinger)和希尔斯(Sears)(1981:3-4)所指出的那样:"分层(stratification)——这种一级在另一级之上的组合方式——是'有限手段无限使用'的具体体现,这是人类交际最显著的特征,并为之提供了无比丰富的资源。"当然,我们还应该注意到里昂斯所提到的另一事实:语言每个层级的组合"都有其各自的组合规则"。换言之,语言创造性的运作是建立在"规则"之上的"无限组合"或自由的"递归使用"。

1.3.4.4 有限"短语结构"的"无限使用"

我们知道,语言的创造性特征涉及了语言系列的各个层级。如果要对每个层次的规则或方式进行逐一探讨的话,我们就很难从整体上和形式上高度概括语言创造性运作的规律。由此引起的关键问题是:是否有某一个层级的组合规则或方式能够全面地体现出"无限组合"的特征,能够从形式上揭示出语言创造性运作的规律?实际上,生成语法基于"短语结构"的句子组合规则就尝试从语言系列的一个层级诠释语言的创造性运作。依据其"短语结构"规则理论,句子的组合规则很有限,基本规则如下:

a. S→NP VP
b. NP→(Det)(Adj) N (PP) (S)
c. VP→V(NP) (PP) (S)
d. AP→A(PP) (S)
e. PP→P NP

(梅德明,2008:5)

可以看出,以上基本规则基于语言系列的一个较高层级即短语结构(词组)的层级。该基本规则只有五条,即小句、名词词组、动词词组、形容词短语和介词短语等组合规则。根据生成语法的观点,"从理论上讲,这些短语结构规则具有无限递归性或无限循环性,即各种短语和句子能够循环组合起来,生成的句子也可以长度无限"(梅德明,2008:5)。不难看出,所谓有限的短语结构具有"无限递归性或无限循环性"就是指它们可以被"无限组合"或自由地"递归使用"。例如,规则 a 可以包含其他四条规则 b、c、d、e,规则 b 可以包含规则 a 和 e,规则 c 可以包含规则 a、b 和 e,而规则 d 可以包含 a 和 e,规则 e 可以包含 b 等,从而可以进入无限的循环组合运作。基于此,该理论认为"我们可以从这种'你中有我、我中有你'的循环组合模型中得出这么一种结论:语言的句法规则是有限的,而生成句子的数量是无限的,句子的长度也可以是无限的"(同上)。显然,依据"词组"层级所归纳的五条短语结构规则被视为语言创造性运作的"有限手段"。而"无限使用"则体现在它们可以被不受限制地"递归使用"或"重复使用"。换言之,"重复使用"以上短语结构规则不仅可以生成无限的句子,而且可以生成无穷尽的长句。

然而,从这一层级归纳的短语结构组合规则显然有其局限。例如,VP 的组合规则中没有涵盖 VC,即 VP→V(Adj.)(Inf.)…等最基本的组合规则。又如,短语结构规则中也没有体现分词短语、不定式、副词短语等在语言运作中常会使用到的组合规则。也就是说,这些短语结构规则的归纳并不全面。而该理论为句子递归性举证的所谓"两头延长"和"内嵌句中、中部膨胀、无限扩张"的特点事实上也没有全面地体现出递归性特征。

1.3.4.5 有限句型的"重复与相套"

钱冠连(2001:8-14)在其论文《语言的递归性及其根源》中给予语言递归性的定义是:"语言结构层次和言语生成中相同结构成分的重复和相套。"从其定义可以看出,语言的递归性的运作方式是"重复和相套",而这"重复和相套"体现于"语言结构层次"和言语生成中的"相同结构成分"。在其论文中,他所着重强调的是"语言结构层次",即语言的基本句型或句式,如英语的五个句型(SVC、SV、SVO、SVOO、SVOC)和汉语中有限的几个基本句型。在他看来:"英语中成千上万的句子原来不过主要是靠以上五个句型以相同的结构重复相套而已;汉语中成千上万的句子原来也不过主要是靠那几个相同的句子结构套来套去而已!"钱冠连最后在文章中总结道:"语言递归性的巨大意义甚至是全部意义就在于允许人们用少量的句型生成无限多的句子。"

可以看出,钱冠连在其论文中从句型或句子的层面解释了语言的"递归性"或"有限与无限"的关系。这一句型的层级显然比"短语结构"的层级更高。这里"少量的句型"被视为"有限手段",而"生成无限多的句子"则被视为"无限使用有限手段"的结果。"重复和相套"有限的句型可以生成成千上万或无限多的句子,也可以生成无止境的句子,这无疑是事实。而五个基本句型是无限句子生成的"装置",也是语法界的共识。但问题是,实际的语言运作并不仅仅是这些"句式"和"相同结构成分"的"重复和相套"。在话语实践中,不仅这些固定的句型可以有所变化,而且还普遍存在着不同语言结构的成分参与到这"重复和相套"之中。也就是说,除了句式和相同结构成分之外,还有其他成分也参与了这自由的不受限制的"递归"运作。这表明钱氏基于句型层面诠释的递归性也存在着局限性。因而,语言创造性如何具体地运作,有何规律也还是没有被揭示出来。

创造性是语言设计特征之一。这一普遍特征涵盖了语言系列的各个层级,每个层级的组合运作具有各自的规则或方式。有限的语言要素可以被"无限组合",构成大量的词和生成无限的句子,语言二层性为其提供了理论基础。由此可见,创造性运作的方式或实质就是"无限组合"或自由地"递归"运作。然而,这样的诠释并不令人满意。创造性在语言实践中的整体运作规律还有待更进一步的研究。对生成语法"短语结构规则"的归纳和钱冠连"语言结构层次"递归运作的诠释无不给予人启迪。我们需要某一语言系列的高层级,就像探讨语言表述性和结构性一样,它也能从形式上去概括和发现语言创造性运作的整体规则和机制，也就是说，要能够使所有创造性的运作规则被有效地置于该层级的组合运作中并得到剖析和诠释。关于这一点，我们将在下一章做更进一步的研讨。

综上所述，在对比、分析和综合世界上著名语言大家论述的语言特征的基础上，我们可把人类语言存在着的主要共性归纳为四点：形义同一性、表述性、结构性、创造性。这四个语言普遍共性原本是不言而喻的，然而，除创造性外，其他三点都没有被列入语言设计特征之中。事实上，这些普遍共性体现了语言的本质特征。对它们进行梳理和讨论，无疑有助于从整体上把握这四个共性所体现的意义及其关系，从而更为接近对语言本质的研究。

1.4　语言的本质

上述人类语言的四个共性分别体现了以下意义：

(1)"形义同一性"呈现了语言的基本属性，即"音"(形)与"义"不可分割的同一关系。这一基本属性涵盖了语言系列各个层面的表现形式，即词、词组和句子均为形义的同一体。

(2)"表述性"体现了语言的目的属性。语言各个层级的组合形式均是意义组合的表述形式。其中词和词组是"部分意义"的表述形式，句子则为"完整意义"的表述形式。

(3)"结构性"涉及语言系列的每个层级，词、词组以及句子均有其独特的组合结构形式。但从语言整体上看，最具概括性和最能体现其整体结构的是句子的层面。句子的组合结构形式，即NP＋VP或五个基本句式，构成了语言的基本结构。

(4)"创造性"也涉及语言系列的各个层级。它源自语言的二层性。利用二层性,语言使用者可以通过基本语言单位的无限组合可持续地生成句子。创造性运作的方式或实质是"无限组合",即可自由地不受限制地进行"递归"运作。

以上语言的四个共性分别揭示了语言的基本属性、目的属性、基本结构以及创造性运作的方法。我们可把其关系归纳如下:

形义同一性→意义的组合→基于基本结构和规约的意义组合→可无限递归使用有限手段的意义组合

显而易见,这些语言的共性存在着相互关联的关系。形义同一性体现了一些"特定的"声音或其对应的视觉符号被赋予了一定的意义,构成了人类可以用来进行意义组合的质料或语言符号。表述性体现于通过这些具有一定意义的语言符号可以进行不同层级的意义组合,最终获得可用于表达思想或完整意义的表述组合形式。结构性也涉及语言系列的各个层级,但最能体现语言整体运作的是句子的层级。句子的基本结构或基本句式是"完整意义"的组合运作架构。创造性运作的方法或实质是"无限的组合"或不受限制的"递归"运作。不难看出,以上四个普遍特征为语言全面的运作和永久的可持续发展提供了充分的条件:具有可无限"递归"利用的承载着一定意义的语言符号;具有可达到相互理解目的的表述基本结构和组合规则;具有可使人们进行无限意义组合的创造性运作方法。同样可以看出,这些条件均是围绕着"意义组合"的运作,特别是表述"完整意义"或可随时应用于交际的句子的组合运作。换言之,这几个相互关联的普遍共性揭示了语言的运作是个意义组合或表述的过程。基于此,我们可以得出以下结论:

语言的本质是表述,即基于"规则"的意义组合。

The essence of language is "expressing", the meaning

combinations based on the rules.

讨论至此,我们已经对语言做出了一个简单明了的诠释,即从形式上回答了语言是什么,明确了其本质。对语言做出这样的诠释具有建设性意义。首先,这一诠释把抽象、无形的语言具体化为了有形的以句子形式构建的言语系统,明确了语言的基本结构及其意义组合的运作过程。其次,它还为人们提供了审视语言的新视角,以分析其整体运作的过程,特别是探寻其创造性运作的规律。这一新的视角把具体形态千差万别的表现形式或无限的句子与语言基本结构联系了起来,这样,我们就有了一个可控、操作性强的研究平台,从而使对语言的研究变得容易。

1.5 语言简单与复杂的两面性

1.5.1 语言简单的一面

基于这一新的视角,我们就会发现一直被人们所忽视但很重要的一面:人类语言是简单的。目标受众为所有人的语言"设计"原本并不复杂。

语言是以句子的形式构建的言语(words)系统,或者说,这"言语"并不是杂乱无章的"词语"(words)堆砌在一起的表述形式,而是依据约定俗成的"规约",即按自身规律排列组合的表述形式——句子。无限的句子,无论其长度多长,形式多怪异和复杂,均毫无例外地要基于其运作的基本结构,一个极为简单明了的二元表述架构:S＝NP＋VP。NP为"表述对象",VP为"对表述对象的表述"。这两者之间建立起的联系构成了一个完整意义的组合框架或表述结构形式。很明显,两者之间的关系为名词与动词的关系。囊括了语言三种动词的五个基本句式均体现了这一组合关系,它们是语言基本结构的具体表现形式。

正是基于这样简单的二元框架或五个基本句式的运作平台,人们可以依据每种语言各自约定俗成的组合规约无限地生成"言语"或句子。在话语实践中,基于语言基本结构或句式生成的句子构成了人们日常交际的一个部分。

例1

  (a)它是只狗。 It is a dog. (SVC)
  (b)汤姆走了。 Tom left. (SV)
  (c)我爱你。 I love you. (SVO)
  (d)亲妈咪一下。 Give mummy a kiss. [(S)VOO]
  (e)谁惹你哭了? Who made you cry? (SVOC)

可以看出,以上几个句子都是完全基于语言基本结构或句式成分而生成的"言语",也是儿童最常会听到的日常用语。每个句子均未超出五个音节,词语最多四个,最少两个。其中也没有复杂的语法,只是体现了 NP 与 VP 组合的"时"的规约。显而易见,要掌握这些简单的"言语"并不难;对于沉浸在语言海洋之中且将主要注意力和兴趣置于听和说的儿童来说,显然是件毫不费力的事,并不需要成熟的智力。尽管上述的例句并不多,相互之间也并不关联,似乎显得很"零碎",但隐藏在其之下的重要事实是,它们囊括了语言基本结构的五个具体表现形式或句式。这就意味着,掌握了上述数量只有五个且又十分简单的句子的儿童实际上已经下意识地掌握了听懂和说出句子或"言语"所需的全部基本句式。

在此基础上,他们同样还可以轻而易举地听懂和说出以下日常用语:

例 2

(a) 它是只猫/老鼠/……	It is a cat/mouse/…	(SVC)
(b) 她/他们/……走了。	She/They/… left.	(SV)
(c) 我爱/恨/……你。	I like/hate/… you.	(SVO)
(d) 给妈咪一个拥抱/那本书/……	Give mummy a hug/the book/…	[(S)VOO]
(e) 谁惹你/汤姆/……哭了?	Who made you/Tom/… cry?	(SVOC)

以上常见的言语是基于例1句子中部分成分的被替换而生成的。它们也是完全基于基本句式生成的句子。可以看出,被替换的成分中,既有表语C(a),也有主语S(b),还有动词V(c)和宾语O(d、e)等。也就是说,基本句式中的每一个成分均可被替换,即可被有相同功能作用的词或词组所替换,也即索绪尔所称的"联想关系"。显然,类似这样的简单句子成分的替换生成,儿童也并不需要什么与生俱来的"语言习得设置"或"器官"就可以下意识地掌握和使用。

当然,完全基于基本句式的句子只是语言的一个组成部分。在话语实践中,更多的情况是:大部分的言语或句子都超出了完全基于基本句式生成的框架。

例 3

(a) 它是只可爱的狗。　　It is a lovely dog.
　　　　　　　　　　　　S V　　　　　C

(b) 汤姆没说再见就走了。Tom left without saying goodbye.
　　　　　　　　　　　　S V

(c) 它是只可爱的会玩许多小把戏的小狗。

　　It is a lovely little dog that can play some tricks.
　　S V　　　　　　　　　C

(d) 可怜的汤姆没说再见就急匆匆地走了。

　　Poor Tom left hurriedly without saying goodbye.
　　　　　　　　S　　V

(e) 它是只可爱的小狗，会玩许多令人发笑的小把戏。

　　It is a lovely little dog that can play some tricks that
　　S V　　　　　　　　　　　　　　C

　　make people laugh.

(f) 当听到那消息，可怜的汤姆没说再见就急匆匆地走了。

　　When he heard the news, poor Tom left hurriedly without
　　　　　　　　　　　　　　　　　　　S　　V

　　saying goodbye.

不难看出，以上例3中几个句子(a～f)都是基于SVC和SV而生成的。例3中(a)、(c)、(e)分别添加了形容词(lovely、little)、从句(that can play some tricks、that make people laugh)等附加的成分以修饰或进一步地说明或描述NP(a dog)。例3中b、d、f不仅添加了形容词(poor)以修饰NP(Tom)，还使用了副词(hurriedly)、介词短语(without saying goodbye)和从句(When he heard the news)等额外的成分以更进一步说明VP(left)。一个明显的特征是，它们在基本句式之上均"引入"了一个新的成分，即我们通常视为起"修饰"作用的成分。这种超出基本句式范围或在基本句式的基础上引入新成分的运作也就是萨丕尔所谓的在句子生成中可以"随意加上修饰成分"以"创造新的句子"，也即叶斯柏森所称的自由用语中"嵌进适合某一特定情景的词"以"重新创造"。而这"随意加上"或"嵌进"一些符合特定情景的词的基本运作并不复杂，对于一直沉浸在语言海洋中的儿童来说也并非难事。然而，这意味着他们已经掌握了语言创造性运作的基本方法，即具备了说出和理解"以前没有听说过的句子"的能力。

可以看出,这"随意加上"或"嵌进"新的成分是对句中 NP 或 VP 进行更进一步的"说明"、"指定"(specifying)或"限定"。从语义上看,这进一步说明、指定或限定添加了 NP 或 VP 的相关内涵,从而可以使其表述更为充分、准确或生动。从形式上看,尽管新成分的添加会使句子的表层结构形式产生变化,但并没有改变 NP 或 VP 的属性。重要的是,在这一创造性运作中,修饰语或限定语的使用是"随意的",即自由的。也就是说,修饰语或限定语可以是一个,也可以是多个,在实际应用中完全可以依据不同的表述的需要来使用。从理论上看,其使用的数量是不受限制的,可以是个任意数。限定语的形式可以是相同的词类或语言结构,也可以是不同的语言结构。它们既可以前置,也可以后置于所修饰或限定的 NP 与 VP。但无论添加了多少限定语,句子变得多复杂和冗长,句中 SV 或基本结构的核心地位始终没有改变,语言基本结构总是在句子之中潜在发挥着其框架的主体作用。

总而言之,语言创造性的运作与完全基于基本句式的句子生成的本质是相同的。创造性的运作只是在语言基本结构之上"引入"一个新的成分,即"附加上"修饰语或限定语与 NP 或 VP 进行部分意义的组合。其目的在于添加或补足(complement)NP 或 VP 的相关语义,使其内涵扩大或外延缩小。从这个意义上看,创造性运作的实质也是对 NP 或 VP 内涵的扩大或一种"补足"。因而,"修饰语"与"补足语"的作用是相类似的。事实上,能够充当"补足语"的语言结构也正是充当"修饰语"的语言结构。它们具有相同的语言结构形式或手段。因此,我们在下文将采用字母 C 来表示引入的新成分或修饰语。但为了区别,我们把修饰 NP 的成分设为 C',限定 VP 的成分设为 C''。这样,我们就可从整体和形式上为语言的全面运作做出如下分解与归纳(括号表示其中的成

分可能出现,也可能不出现):

句子＝NP＋VP→(C′...)NP(C′...)＋(C″...)VP(C″...)　或

句子→(nC′)NP＋(nC″)VP

以上分解与归纳的公式揭示了一条高度概括了语言或句子全面运作方式的路线图,或者说展示了一条十分简单明了的"语言设计原则"。这一设计原则涵盖了基于语言基本结构的语言基本运作和创造性运作的过程。该过程可分为两种情况:(1)当括号中的成分不出现,即没有添加任何额外的修饰或限定成分时,该句子的生成就是完全基于基本结构或句式成分的基本运作。(2)当括号中的成分出现,即自由地添加了"修饰语"(C′、C″)对 NP 与 VP 进行修饰或限定时,该句子就属于基于基本结构的创造性运作。换言之,句子可以由任意(n)个修饰语对 NP 或 VP 进行描述。从这一高度概括的整体的角度去审视,语言所呈现出的"设计"就显得很简单。从逻辑和心理的视角上看,其"设计"原本就应该或必须是如此。因为语言的目标受众或使用对象是所有的人,不论其智商高低。而从语言实践的角度来看,事实也正是如此。由此可见,人类语言普遍存在着简单的一面,"语言是极其复杂的"实际上并未展示出其全面的图景。

语言简单的一面实际上已经回答了本书篇首提出的问题——为何儿童在五岁左右时都能成功地掌握他们的母语。首先,这是因为语言的运作设计十分简单。其运作基于一个简单的二元表述架构和依据约定俗成的组合规约。人们既可以完全依据基本结构或句式成分生成句子,也可以通过"随意"添加上新的成分或限定语与 NP 和 VP 组合来创造句子。由此可见,儿童能够迅速地掌握其母语就不是难以解释的"矛盾",而是一件自然的顺理成章的事。也就是说,尽管儿童的智力尚不成熟,但有着三到五年的时间可以"毫不费力"、下意识地习得极为简单且数量很少的语言基本结构或五个基本句式、其运作的组合规约以及大量耳濡目染的词语。

其次,这是因为自然语言环境的得天独厚。尽管儿童习得母语的环境可能存在着差异,尽管他们最初的语言习得常常是在完全没有正式、明确的讲授下进行的,但有一点可以确定,即儿童的母亲和周围的人都十分明确他们的说话对象——牙牙学语的儿童。因此,他们会很自然地把话说得易懂、明确。实际上,基于如此简单明了的语言基本结构,他们不可能把对儿童说的话说得含糊,也不需要选择复杂的文法。因而,他们的话语就不可能会出现"一串充满错误、支吾含糊而且不合文法的东西"。相反,他们对儿童说的话语大都会与上述所列举的句子一样,不仅符合语言的规范,而且文法很简单。正如奥托·叶斯柏森(2006:101)所指出的那样:"他(儿童)从早到晚听,而且,请注意,他听到的是地道的语言,正确的发音,正确的语调,正确的用词,正确的句法:语言像一泓清泉滔滔不绝地向他流来。甚至在他开始说话之前,母亲和保姆重复同样的话,只略作变动,同时说什么就做什么,她们的这个习惯使得儿童最初理解语言变得容易多了。"

叶斯柏森所做的观察显然是客观的。他不仅指出了母亲和周围的人对儿童说的话语"地道",还指出了儿童所听的话语并非贫乏,而是像"一泓滔滔不绝的清泉"。这"清泉"总是可以让儿童在恰当的时间、恰当的地点听到恰当的词语或话语,即符合语境的地道正确的言语。而对于刚来到这个新世界的儿童来说,"听"和"说"是他们从母亲和周围的人那儿,除吃喝之外,几乎能得到和感兴趣的唯一东西,而这唯一的东西又是他们适应新环境和生存的必需。因此,对于他们来说,在三到五年的时间内习得这些有限的音、有限的几个基本句式、约定俗成的规约以及两三个单词就可组成的句子自然是件毫不费力的事。

当然,隐藏在这一毫不费力的事之下的重要事实是,儿童在五岁左右时实际上已经下意识地习得了听和说其母语所需的全部基本句式或已经具有了语言全面运作的平台。有了这一平台,儿童就可以在自然语言环境下不断习得和随时应用 NP 与 VP 组合时需依照的约定俗成的组合规约。例如,在英语中,名词与动词组合时的形式变化,即名词的单复数形式、动词与名词的"数"的一致以及体现动作发生的"时"和"体"等的变化形式。这些变化形式的组合规约是人们相互理解的依据。儿童还可以在语言的海洋中习得尽可能多的日常生活中耳濡目染的词语,能够利用所习得的词语进行基本句式成分的"替换",如例 2 那样生成句子。隐藏于这一毫不费力的事之下的另一事实是,儿童已经无意识地掌握了随意附加"修饰语"或"限定语"的基本运作,即能够对 NP 名词或 VP 动词做出更多的说明、指定或描述,使 NP 或 VP 表达得更为充分、确切或生动。这就意味着他们也已经掌握了语言创造性运作的基本方法。总之,对于完全沉浸于自然语言海洋之中的儿童来说,三到五年的时间足以让他们下意识地习得以上所提到的有限的句子基本结构、其组合的规约、句子成分的替换以及随意附加修饰语或限定语的创造性运作规律。尽管如此,我们还不能说儿童此时已经掌握了其母语的"全部语法","输出的是完美的语言系统",但他们"不仅能造出并理解自己听到过的句子,而且能造出以前从未听过的句子",这一事实恰恰可以反过来证明语言具有简单的一面。

以上,我们尝试对儿童为何在三至五岁时就能成功掌握其母语提出一种新的诠释。这一不同角度的诠释是在探讨语言、其共性和本质的基础上,依据一些重要事实以及通过语言运作的"设计原则"从形式上所做出的辨析。

1.5.2 语言复杂的一面

"语言设计原则"所呈现的运作并不复杂,很简单,但事实上它有奇特的一面。它的奇特之处在于其创造性运作,即引入修饰语或限定语 C'/C'' 的重复运作,使语言"极具生成能力"。这是因为引入的限定语对 NP 或 VP 的限定组合是自由的不受限制的,且可被"引入"的修饰语或限定语的结构形式涵盖了语言系列的不同层级。尽管限定语的语言结构是有限的,但语言的二层性带来的"无限组合"为之提供了源源不断的资源。它们中不仅有表示单个概念的词、表示概念群的词组,甚至还有表示完整意义的从句。而这些不同层级所构成的组合形式又均具有不同的语法功能,因而可以对 NP 与 VP 进行自由的额外的说明、指定或描述,从而使人们所欲表达的任何思想都可以得到充分、准确或生动的呈现,使他们可以充分展现其独特的风格。换言之,这一运作使生成各种各样的命题成为可能。事实上,语言实践中呈现的包罗万象的命题和形态千差万别的表层结构形式正是这一创造性运作的结果。如果说这一设计原则中基本结构是个固定的不变因素,那么,修饰语或限定语 C'/C'' 则是一个自由的可变因素。这一可变因素一方面使得语言的创造或句子的生成具有无限的潜力和多样性。另一方面,它又会使得句子的表层结构形式变得十分复杂和冗长,甚至无穷尽。

在各国的话语实践中,复杂、冗长的句子实际上并不少见。下面的引文出自《二十一世纪英语教育》(2007)上发表的《英语文学作品最长句子出炉》:

第一章 人类语言：共性、本质、两面性与普遍原则

"据英国媒体报道，立陶宛作家 Nigel Tomm 日前推出的最新作品 *The Blah Story*（第四卷）中有一个包含 496,375 个英文单词的句子，该句已成为英语文学作品中最长的句子。""据报道，在以往的英语文学作品中，爱尔兰文学家 James Joyce 的小说《尤利西斯》(*Ulysses*) 中一个包含 4,391 个单词的句子曾被认为是最长的句子，这个句子在该书的第一版中占据 40 页之多。不过，这一纪录在 2001 年被英国作家 Jonathan Coe 打破。他的小说《无赖俱乐部》(*The Rotter's Club*) 中有一个包含 13,955 个单词的句子，如今这一纪录又被 Nigel Tomm 一举打破。在其他语言的文学作品中也有一些长句。例如，波兰作家 Jerzy Andrzejewski 的波兰语小说《通往天国之门》(*The Gates of Paradise*) 有一个包含 40,000 个单词的句子，而捷克作家 Bohumil Hrabal 的捷克语小说《老人家的舞蹈课》(*Dancing Lessons for the Advanced in Age*) 通篇只有一个句子，该句长达 128 页！"

可以看出，复杂、冗长的句子并不仅仅出现于英语文学中，它还出现在其他语言的文学作品之中。不仅如此，该篇文章还指出："包含上万单词的长句在各国文学作品中并不鲜见。"由此可见，人类语言存在十分冗长复杂的句子（成千上万，甚至几十万个单词）并非个别现象，有着数十或上百个单词的长句是很普遍的。当然，我们在这里难以把成千上万个单词或几十万个单词的句子作为例句进行分析，但有一点可以确定：无论它们有多冗长，表层结构有多复杂，它们终归还是句子。是句子就一定有整体上固定的基本结构，即有表述对象 NP 和对表述对象进行表述的 VP。我们知道，句子的运作始终是围绕着这两者的。因此，可以推断，在这些冗长的句子中必定使用了大量的修饰语或限定语以进一步说明或

限定 NP 或 VP。而这大量的修饰语或限定语的自由使用,如多个相同语言结构或不同语言结构的限定语的并联使用,再加上它们在句中位置的不确定性,无疑会使句子的表层结构产生很大的变化,变得非常复杂。然而,我们还是可以列举一些长句来观察和分析其创造性运作的过程。

例 4

   S V C″1 C″2
I wandered lonely as a cloud
That floats on high o'er vales and hills,
         C″3
When all at once I saw a crowd,
A host of, golden daffodils;
Beside the lake, beneath the trees,
Fluttering and dancing in the breeze.

(张伯香,2009:179-180)

  这是英国著名诗人 William Wordsworth 非常有名的一首诗歌中的一个诗节(stanza)。该诗节分为六行,构成了一个语义完整的句子。从整体上看,该诗句基于极为简单的 SV 句式(I wandered),其中引入或添加了三个并联的后置限定语(lonely、as a cloud…、When…)对句中的动词 VP(wandered)进行进一步的描述或重复限定。从词的数量上看,这三个限定语的添加使得基本结构 SV 的两个单词扩大为 39 个单词的长句。从句子的形式上看,原有的二元基本结构已被突破,呈现出一个诸多成分组合在一起的表层结构形式,用公式可表示为 SVC″1C″2C″3。同时以上三个限定语的结构形式是不同的,它们分别为副词、介词短语和由 when 引导的从句。它们的引入使得该诗句的原有的 SV 句式产

生了很大的变化,其表层结构形式变得颇为复杂。我们可把其做如下分解:

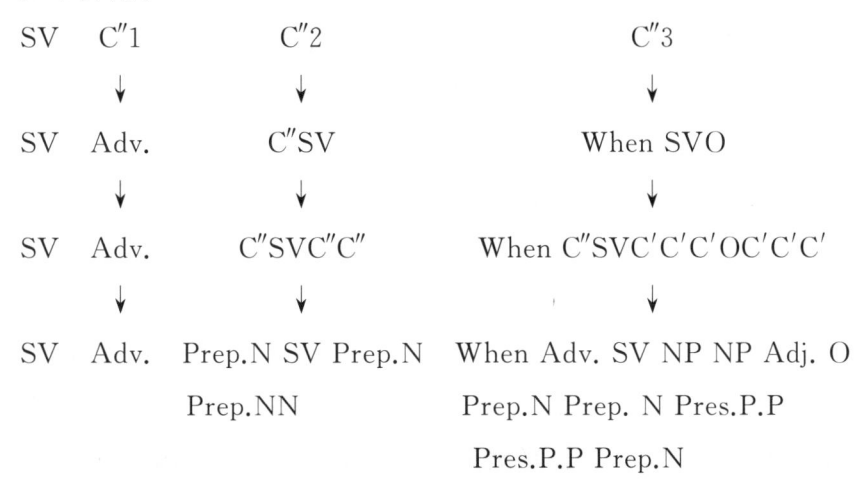

SV	C″1	C″2	C″3
↓	↓	↓	↓
SV	Adv.	C″SV	When SVO
↓	↓	↓	↓
SV	Adv.	C″SVC″C″	When C″SVC′C′C′OC′C′C′
↓	↓	↓	↓
SV	Adv.	Prep.N SV Prep.N Prep.NN	When Adv. SV NP NP Adj. O Prep.N Prep. N Pres.P.P Pres.P.P Prep.N

不仅如此,其表层结构形式产生变化和变得复杂还在于引入的三个限定语还涉及从句的重复使用。换言之,该诗句除了主句之外,还嵌入了两个限定从句。前者为 C″2 中即介词短语中的一个部分,后者为 C″3,即一个限定语从句。不难看出,第一个限定从句(that floats…)是用来描述或限定 C″2(介词短语)衍生出来的名词(a cloud)的,而在该从句所派生出的动词 V(floats)还受到了两个并联的介词短语(on high o'er vales and hills)的进一步限定。在 when 引导的从句中,VP(saw daffodils)也受到了介词短语(all at once)的限定。不仅如此,在该 VP 中充当宾语的名词(daffodils)同时还被名词短语(a crowd,a host of)和形容词(golden)(前置)以及两个介词短语(beside…,beneath…)和两个现在分词短语(fluttering and dancing…)(后置)等不同语言结构的限定语所重复限定。这些语言现象表明:限定语结构中的名词与动词同样也可以被限定。也就是说,限定语的作用并不仅仅局限于句子基本结构或句式中的表述对象 NP 或对对象的表述 VP,

它还可以被用来限定句子创造所衍生出的任何名词与动词。这一限定范围的扩大运作导致了限定短语结构中有从句，从句中有短语结构，以及多个不同语言结构的限定语混合在一起的复杂语言现象，使句子表层结构更为复杂化。

尽管如此，从语义的视角来看，在基本句式之上引入新的限定成分的运作是表述的需要。这是因为完全基于句式的表述内涵往往有限而外延广泛。因此，在成功的交际中，人们有时需要对表述对象 NP 或对表述对象的表述 VP 做更为详尽的说明或具体的指定，从而使它们的内涵扩大或外延缩小，或者说可使表述充分、准确或生动。同理，对句子创造运作所派生出的名词和动词的限定也是如此。很明显，上述的诗句就是首先通过添加三个不同语言结构的限定语对 VP 进行重复限定，使其行为方式、时间等相关信息得到充分、具体的指定（specifying），大大地缩小了其外延。不仅如此，限定语中衍生出的 NP（cloud、daffodils）也被进一步指定，使其相关内涵扩大或具体化。显而易见，经过这样的创造性运作，该诗节就为读者展现出栩栩如生、令人难以忘怀的大自然美景。事实上，William Wordsworth 在这首诗中的其他诗节也采用了同样的创造性运作手段，从而使该诗所要呈现的主题和情景均得到了十分生动或完美的体现，进而使该诗成为英国文学诗歌创作中的一个永恒的经典。

这种表述的需要实际上并不仅仅表现在诗歌创作上，它还体现在其他文体创作上。充分和准确的表述是各种文体的基本要求。因此，"添加细节或信息"（elaborate: add more detail or information）或"确切说明、详述"（specify: to state exactly; describe fully as to choose or name）的创造性运作均是各种文体创作中很常用的手段。这一点在法律、学术专著和论文等的撰写中也显得特别突出。

例 5

     C′1   S C′2   V C
  The <u>generative</u> grammar <u>of a particular language</u> is a theory
C′3
<u>that is concerned with the form and meaning of expressions of</u>
 S V C   C′   C′
<u>this language.</u>

（乔姆斯基,2002:3）

例 5 是乔姆斯基《语言知识:其性质、来源及使用》中的一个介绍"生成语法"理论的句子。很明显,该例句基于句式 SVC。我们同样可把该句子做如下分解：

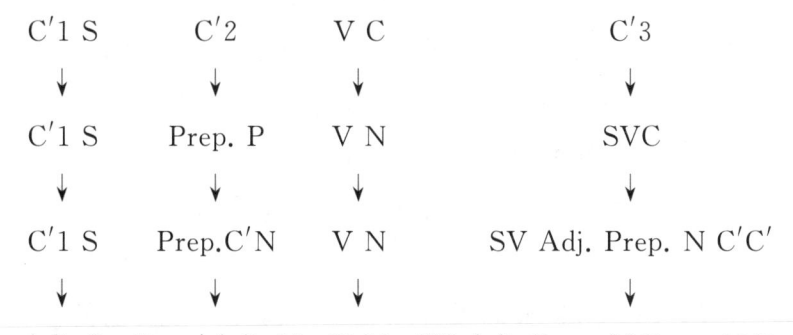

C′1 S C′2   V C   C′3
↓   ↓   ↓   ↓
C′1 S Prep. P V N   SVC
↓   ↓   ↓   ↓
C′1 S Prep.C′N V N   SV Adj. Prep. N C′C′
↓   ↓   ↓   ↓
Adj. S Prep. Adj. N V N SV Adj. Prep. N Prep. N Prep.N

与例 4 主要聚焦于对 VP 的限定不同,例 5 主要聚焦于对两个关键名词的限定,即对表述对象 S(the grammar)和补足语 C(a theory)的限定。句中也使用了三个不同语言结构的限定语,即一个形容词(generative)、一个介词短语(of a...)和一个限定从句(that is...)。前两者(一前置,一后置)用于修饰或限定表述对象,后者(从句)则用于限定基本句式中的成分 C。可以看出,这三个限定语的引入特别是从句的添加使得句子的表层结构产生了较大的变化,变得复杂。使之变得更为复杂的是,句中的限定语所衍生出的名词同样也被另外的限定语所限定。例如，介词短语所派生的名词(a language)被形容词(particular)所指定；又如，限定从句中的名词词组(the form and meaning)被介词短语(of expressions)所限定，而该介词短语中的名词(expressions)又被另一介词短语(of this language)更进一步地限定。可以看出，这些重复限定都是有必要的。很明显，通过这些限定语的多重限定运作，句中的"语法"(what kind of the grammar is)和"理论"(what the theory is about)均得到了具体的指定或说明，即得到了充分、确切的表达。

上述两个例子都还算不上冗长和十分复杂的句子。基于 SV 句式的例 4 的单词数为 39 个，基于 SVC 的例 5 单词数为 23 个，但它们分解出的表层结构形式却揭示了句子创造性运作可能产生的复杂的一面。一个不到 40 个单词的句子就会呈现出这样复杂的结构表现形式，不难推断，一个包含 496,375 个英文单词的句子，或长达 128 页的一个句子的表层结构形式可能呈现的复杂情况。

如果再深入一步，典型的无穷尽的句子情况又会是如何呢？我们不妨来观察一个常被引用的无穷尽的句子。

例 6

```
         S   V    O    C'                         C'
        He bought a book which was written by a teacher who taught
                        (S    V    C    C'')            (S    V
                  C'                      C'
        in a school which was known for its graduates who ...
        C'')      (S    V    C    C'')              S ...
```

（胡壮麟，2007：6）

很明显，该无穷尽句子的基本结构为 SVO。我们也可把其进行如下分解和归纳：

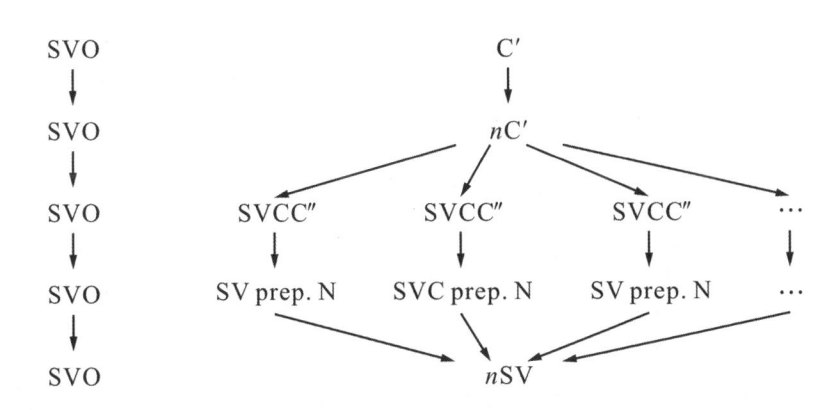

```
SVO                              C′
 ↓                               ↓
SVO                             nC′
 ↓                    ↙    ↓    ↘      ↘
SVO              SVCC″   SVCC″   SVCC″   ...
 ↓                 ↓       ↓       ↓       ↓
SVO            SV prep. N  SVC prep. N  SV prep. N  ...
 ↓                 ↘       ↓       ↙      ↙
SVO                        nSV
```

不难看出,该无穷尽的句子中引入了无数个限定语从句对 NP 进行限定,体现了十分典型的"相同语言结构的重复与相套"的语言"递归性"特征。换言之,这一无穷尽句子的运作是通过"递归"使用相同的语言结构即限定语从句对不断衍生出的新名词进行限定而实现的。其运作始于主句基本句式成分 O(a book),它被一限定语从句所限定。该限定语从句(which was written…)是以名词(a teacher)结尾,其又被另一同样以名词(a school)结尾的从句所限定,由此无限地循环限定下去。与例(4)、例(5)不同的是,这些限定语都是从句;另外,这些限定语从句并不是仅仅限定主句成分 O(a book),而是分别递进限定从句中不断派生出的新名词,如 a teacher、a school、graduates 等。这样,句子的表层结构形式就变成了由一个主句和无数个从句并联组合在一起的复杂的结构形式:SVO n(SV)。然而,这种单一的相同语言结构(从句)的重复与相套还仅仅是在基本句式之上引入新成分或限定语进行创造性运作的方法之一。从上文的讨论中我们知道,限定语既可以是单个的词,也可以是词组,还可以是从句等不同的语言结构。也就是说,这些不同结构的限定语当然也可以并列或并联在一起"重复"限定句中可能出现的任何名词或动词。如果再把这些不同语言结构的限定语同时应用于对某一无穷尽句子中出现的任何名词和动词的限定，那么，该无止境的句子就势必会呈现出更为复杂的表层结构形式。

例 7

```
                                           S    V
With the pocket money he had saved, he bought  in a bookstore
C″(Prep.C′NSV)                                 C″ (Prep.N)
         O    C′
yesterday a book which was written by a very experienced American
C″(Adv.)         S    V    C    C″    (Prep.C″ Adj Adj N)
                 C′                   C′
teacher who taught in a famous school which was known for its
        S    V    C″   (Prep.C′ N)    S    V    C    C″
                                      C′
graduates majoring in the law of nations who ...
          (Prep.N C′)                    S(V) ...
```

该例可做以下分解：

```
SVO                           C′
 ↓              ┌──────┬──────┼──────┬──────┐
SVO           SVC     SV    SVC    ...
 ↓             ↓       ↓     ↓
C″SVC″C″O    SVCC″    SVC″  SVCC″   ...
 ↓             ↓       ↓     ↓
Prep.C′NSV SV SVC Prep.C′C′N SV Prep.C′N SVC Prep.NC′ ...
Prep.N Adv.O
 ↓             ↓       ↓     ↓
Prep.NN SV SV SVC Prep.Adv. SV Prep.Adj.N SVC Prep.   ...
Prep.N Adv O  Adj.Adj.N                   N Pres.P.P
```

可以看出，例 7 是基于例 6 之上的进一步创造运作。该例引

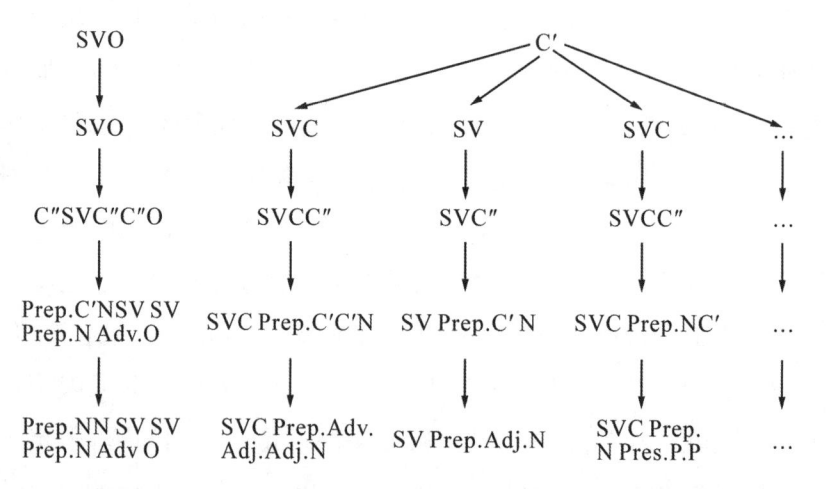

入了多种不同语言结构的限定语对句中 NP 与 VP 进行"重复"限定。这是语言递归性运作的又一十分常见的现象。尽管此例仅仅是该无止境句子中的一个很小的部分,但与例 6 相比,例 7 的分解形式显然要比前者的表层结构形式复杂得多。这是因为:(1)例 7 使用了不同语言结构的限定语,如名词(pocket)、副词(yesterday)、介词短语(in a bookstore)、现在分词短语(majoring in…)等。(2)例 6 只是对 NP 进行限定,而例 7 则既对 NP 又对 VP 进行限定,其中有的还进行了重复限定,如"a very experienced American teacher"。(3)例 6 的限定语均为后置,而例 7 的限定语则既有前置也有后置,有的甚至插在 Vt 和 O 中间,如"bought in a bookstore yesterday a book"。

例 6 和例 7 的解析表明:基于简单的 SVO 句式,人们不仅可以通过相同的语言结构(从句)的无限使用,即嵌入无数的从句,构成无止境的句子——SVO n(SV),还可以通过不同的语言结构(词、词组、从句)的限定语对句中 NP 或 VP 进行重复或递进限定,构成表层结构更为复杂的无穷尽句子。应该指出的是,除了主句中的表述对象 NP 和对对象的表述 VP,限定语的限定范围实际上还涵盖了句子创造过程中出现的其他名词与动词。换言之,人们还可以对句子创造中衍生出的任何名词和动词进行进一步的描述、说明和指定。例 7 的解析只是无止境长句的一小部分,不难推断,如果该句子其他部分也均应用了不同语言结构的限定运作,那么其所呈现的表层结构无疑会变得非常复杂。

基于句式 SVO 之上的句子生成可以进行这样的创造性运作,基于其他四个基本句式之上的句子生成当然也可以是如此。也就是说,"引入"限定语于基本句式之上的这一创造性运作规则同样也适用于其他四个基本句式。反过来看,冗长和复杂的句子,如上文所提到的几十、几千、几万或几十万个单词组合生成的句子，实际上都是基于语言基本结构或某一句式引入限定语进行创造性运作的结果。这一创造性运作导致了语言实践中句子的长短不一、千变万化的复杂表层结构形式。

以上两个小节我们通过对具体例子的剖析，从语言设计原则的运作视角或从语言形式上揭示了语言存在着简单和复杂的两面。长期以来，语言研究者从不同的取向、不同的视角或层面进行研究时，似乎更多地关注语言复杂的一面。诚然，人们直接面对的是各式各样的具体表述形式，而仅仅从语言形式上看，其就已经显示出十分丰富且复杂的现象。语言研究者在研究某一领域的具体语言细节时，总会发现一些语言现象十分棘手，难以得出令人满意的解释。例如，尽管"生成语法"归纳了具有"无限递归性或无限循环性"的短语结构规则，但研究者仍然认为"自然语言的这种递归特质耐人寻味"（梅德明，2008:6）。而特别是当他们把语言与哲学、社会、文化甚至大脑等错综复杂的相关因素联系在一起进行研究时，情况更为复杂。于是，"语言是极其复杂的"这一观点便成了一边倒的共识，而语言简单的一面却被有意或无意地忽视了，成了一个可以忽略不计的对象。然而，事实是，语言简单的一面是语言设计的一个首要的基础部分，其重要性超过了我们现有的认知。

1.6　语言设计的完美及其实质

人类语言存在着简单与复杂的两面，这两面构成了语言运作的全面图景，体现了语言设计的完美。

其"完美"在于一个十分易于操作的语言基本结构,一个极为简单的二元表述架构——SV。S为"表述对象"或主语,常由名词词组NP承担,V为"对表述对象的表述"或谓语,由动词词组VP承担。这一表述框架很简单,却是一个语义完整的表述形式。其具有五个具体运作形式即五个基本句式:SVC、SV、SVO、SVOO、SVOC。认知了这一基本结构或五个基本句式,人们实际上就已经掌握了相互之间进行交际所需的全部运作架构,即有了语言运作的平台。在此基础上,人们还需掌握的只是两者之间进行组合运作时不同语言社区或国家所约定俗成的组合规则或语法"参数"。

其"完美"还在于"极具生成能力"的语言创造性运作原则。它为句子的生成或创造提供了无限的潜力。

这无限的潜力首先体现在 SVO n(SV) 或 SV→n(SV) 的递归运作,即一个无穷尽的句子可以由一个主句和无数个从句并联组合。语言递归性为这一创造性运作提供了理论基础。这一重复或递归运作在语言实践中的实际应用意义是:它为句子的创造提供了一个无限的表述结构空间。语言使用者可以根据各种不同表述的需要,自由地选择一个、两个、多个或任意个从句进行组合运作,从而为其表述留有足够的结构空间。

这无限的潜力还体现在例7分解式 Prep.NN SV SV Prep.N Adv.O...这样的递归组合运作上。尽管该分解式只是无止境长句中的一个很小的部分,但它表明,除了相同的语言结构(从句)可以被不受限制地重复使用,无穷尽句子还可以采用具有不同语言结构的限定语或限定手段对句子中任何NP或VP进行限定,如介词短语、不定式、现在分词和过去分词短语等。这些语言结构不同的限定手段在语法上均有其各自不同的限定功能,这就为限定NP

或 VP 提供了全方位运作的可能性。语言使用者可以根据不同的表述需要,选择恰当的限定手段对句中的任何 NP 或 VP 进行不受限制的指定、说明或描述。这就意味着他们可以有无限的限定运作空间,可以使任何复杂的思想得到确切的表达。

如果说 SV→n(SV) 的运作从战略上为无止境句子的创造提供了结构框架上组合运作的无限空间,那么,分解式 Prep.NN SV SV Prep.N Adv.O... 的运作则从战术上为其限定 NP/VP 提供了不受限制的无限空间。这战略与战术上的无限空间为无止境句子的创造提供了表层结构千变万化的无限可能性。换言之,除了引入无数个相同的语言结构(从句或介词短语),无止境的句子还可以"嵌入"无数个不同语言结构的限定语,从而使其呈现千变万化的表层结构形式。而这千变万化的表层结构形式则又为语言使用者提供了无限的"聚合"或"替换"空间。根据索绪尔的"聚合关系"理论,在这无限的聚合空间里,句子中的每一个位置或成分都存在着众多潜藏于人们的头脑中,可以用来替换的语言要素。而句中每一成分的替换都是一种新的意义组合,或者说都是新句子的创造。从这个意义上看,语言的创造性特征并非仅仅为语言具有制造无穷长句的潜力提供了理论依据,更为重要的是,它实际上也为人们在语言实践中生成和创造千姿百态的有止境的句子、段落和语篇提供了理论依据。

我们知道,典型的无止境句子的创造是通过在语言基本结构之中嵌入无数个限定语从句而实现的,即句中递归或重复使用了无限的从句。句子或语言的基本结构是固定的,而限定语的数量是不确定的,是个可变的因素。这一可变因素与句中 NP 或 VP 密切相关,它们之间的关系是限定与被限定的关系。它们之间的限定组合只是在于添加额外的 NP/VP 相关语义,或者说只是对

NP 或 VP 进行更进一步的描述、说明或指定。换言之,它们的组合并不改变 NP 或 VP 原有的属性。因而,它们之间的关系具有"加法"的特征。基于加法的属性,一个常数是可以被切分或分解的。例如,5 可以被分解为五个一的相加,即 $5=1+1+1+1+1$ 或两个二和一个一的相加,即 $5=2+2+1$ 或一个三和一个二的相加,即 $5=3+2$ 等等。可以看出,尽管分解的形式不同,但分解后的数值之和是相等的。同理,一个无穷尽的句子也可以根据其限定语的数量被分解为无数个单列的有止境的句子或无数个排列组合不同的段落或语篇,而其语义值的总和不会发生变化。

例如,我们可把

例 8

He bought a book which was written by a teacher who taught in a school which was known for its graduates who…

分解为:

例 9

　　　　　S1　　　　　　S2
He bought a book. It (which) was written by a teacher. She
　S3　　　　　　　　　S4
(who) taught in a school. That (which) was known for its gradu-
　　　　　S5…
ates. They (who)…

例 8 还是我们在上文所列举的典型的无止境的句子,其中所使用的限定语均为从句。这些限定语从句是无数的,用来限定 NP 或递进限定不断衍生出的 NP。例 9 根据限定语(从句)的数量,把例 8 分解为无数个单列的有止境的句子。可以看出,尽管这无数个单列的句子改变了无穷尽句子的表层结构形式,但每个单列的句子均保持了原有的语义值。也就是说,它们的语义值和与无穷尽的句子的语义值是相等的。

同理,我们还可以把它分解为无数个排列组合不同的段落或语篇。我们知道,这些被分解了的句子与句子之间的语义均是有关联的,但其相关度并不均等。有些句子,如相邻或靠得较近的句子之间的相关度较高,而不相邻或靠得远的句子的相关度就较低。这样,语义相关度高的一些句子就可以排列组合在一起构成句子群,即我们所熟悉的段落(paragraph)。而段落或句子群之间组合在一起就可以构成语篇(text)。这就意味着,一个无止境句子不仅可以分解为无数个句子,还可以分解为无数个段落和语篇,即,

一个无穷尽句子 → 无数个有止境句子 → 无数个段落或语篇。

用公式可表示如下:

$S \rightarrow S_1+S_2+S_3+S_4+S_5+S_6+S_7+S_8+S_9\ldots$ 或

$\rightarrow (S_1+S_2+S_3)+(S_4+S_5+S_6+S_7+S_8)+(S_9+\ldots)\ldots$

又如,依据限定语的数量,我们还可以把

例 10

$C''1$ S   V $C''2$
<u>With the pocket</u> <u>money he had saved</u>, he bought <u>in a bookstore</u>
(Prep. C'NSV)   (Prep.N)

$C''3$ O
<u>yesterday</u> a book...
(Adv.)

分解成:

例 11

a. With the pocket money he had saved, he bought a book...

b. He bought in a bookstore a book...

c. He bought yesterday a book...

即，

$C''1\ SV\ C''2\ C''3\ O... \rightarrow C''1\ SVO... + SV\ C''2\ O... + SV\ C''3\ O...$

该例被分解的仅仅是无止境句子例 7 中被限定语限定了的主句部分。该部分使用的限定语有两个介词短语（with the...、in a bookstore）和一个副词（yesterday）。它们均是用来重复限定主句中的 VP（bought a book），从而添加了与 VP 相关的时间、地点和方式等语义。不难看出，这也是根据该部分所使用的限定语数量而分解成的句子。很明显，每个被分解出的句子也均保留了原有的限定语的语义值。它们的语义值相加之和即语义总值，与原无止境句子的语义值是相等的。可以推断，重复限定 VP 的限定语数量越多，可切分出的句子越多。基于此，我们还可以得出：

$SVO\ nC''... \rightarrow SVOC''1... + SVOC''2... + SVOC''3... + ...$

再如，我们还可把其中的限定语 $C''1$（With the pocket money he had saved）做更进一步的切分：

例 12

a. With the money, he bought a book...

b. With the pocket money, he bought a book...

c. With the money he had saved, he bought a book...

即：

Prep.NNSV SVO... → Prep. N SVO... + Prep. NN SVO... + Prep.NSV SVO...

这一被分解的部分是限定 VP(bought a book)的一个限定语本身。该限定语为一个介词短语(with the money…)。很明显，这个限定语本身又被其他限定语递归限定。其中的名词(the money)被一名词(pocket,前置)和一从句(he had saved,后置)所重复限定。可以看出，该例的分解也是基于限定语的"数量"。限定语被使用的数量越大，可被分解出的句子就越多，即：

Prep.nC$'$ N SVO… → Prep. N SVO… + Prep. C$'$1N SVO… + Prep.C$'$2N SVO…+…

以上我们基于限定语与 NP 或 VP 的关系，从形式上具体地分解了无止境的句子。该分解可以分为三个层次，归纳如下：

SVO nC$'$→SVO n(SV)→SVO+S2+S3+S4+S5+…

SVO nC″→SVOC″1…+SVOC″2…+SVOC″3…+…

Prep.nC$'$ N SVO… → Prep. N SVO… + Prep. C$'$1N SVO… + Prep.C$'$2N SVO…+…

可以看出，从三个层次对无穷尽长句进行分解均是依据其中递归使用的限定语数量。第一个层次是依据从句限定语对 NP 进行限定的数量，第二个层次是基于限定语对 VP 限定的数量，第三个层次是依据限定语对限定语所衍生出的 NP 进行限定的数量。需要指出的是，在语言实践中对 NP 或 VP 的限定并不截然分开，更多的情况是：对 NP 的重复限定中同时会有对 VP 的限定，对 VP 的限定中也会出现对 NP 的限定。以上对无止境长句三个层次的分解表明人们可以依据修饰语或限定语的数量对句子进行分解。其分解之所以可能是因为限定语与 NP 或 VP 之间均具有明显的界限。

依据限定语的数量对句子进行分解的方式事实上提供了一个

语言系列的高层面来诠释语言的"离散性"特征。所谓"离散性"（discreteness）指的是"语言单位具有明显的界限［(of a linguistic unit) having clearly defined boundaries］"（《朗文语言教学及应用语言学辞典》，2000：140）。人们可以根据语言系列每个层次明确的界限进行分解或切分，被切分了的部分称作离散单位。例如，在语音层级，英语单词 pin 就由三个这样的离散单位组成：/p/、/i/和/n/。在这一节里，我们把离散性提高到了一个特殊的层面，即限定语与 NP 和 VP 关系的层面。也就是说，我们把限定语与 NP 和 VP 视为离散单位。这样，我们就为审视语言的创造性运作提供了一个整体的高处的视角。基于这一层面的离散性，一个典型的无穷尽的长句，即一个主句和无数个相同语言结构（限定从句）的组合，就可以被分解为无数个单列的有止境的句子。而如果该无穷尽句子还使用了具有不同语言结构的限定语对 NP/VP 进行重复限定，那么其可被分解的单列句子就是"无数个＋"。不仅如此，如果该无穷尽句子中的限定语本身含有或衍生出的 NP 或 VP 同时又被其他的限定语所限定，那么，其可被切分的句子数量就比"无数个＋"还要多。至此，基于这一特殊层面的离散性特征，我们对无穷尽句子进行的分解从形式上证明了语言递归性，同时也为人类创造无限的句子提供了理论依据。

　　以上我们对语言完美设计的剖析进一步地诠释了语言简单和复杂两面之间的关系。语言的全面运作，无论是基本运作还是创造性运作，均是基于很简单的语言基本结构和规约的运作。基本运作是完全依据语言基本结构或句式成分的组合运作，而创造性运作则为"引入"新成分或"添加"限定语对句中的 NP 或 VP 进行进一步描述的组合运作。从整体上看，基于基本结构和规约的语言运作是简单的，创造性的运作也并不复杂。有意义的是，语言创造性能使这一简单的运作具有无限的生成能力。利用语言递归性，语言使用者不仅可以有无限的表述结构空间，还可以有限定任何 NP/VP 的无限空间。在这无限的运作空间里，每个语言使用者均可以在遵循组合规约的基础上，依据其思想的成熟度、其表述内容的深度和广度，自由地不受限制地生成句子或展现其各自不同的风格等。这就是语言中会存在千变万化的句子的原因。然而，无论句子的表层结构多么复杂，语言风格多么独特怪异，语言的基本结构总是潜在于千姿百态的无限句子之中，起着不可或缺的核心作用。语言约定俗成的组合规约或语法规则总是在制约和协调着句子的生成，使人们凭借着它们达到相互理解的目的。语言创造性运作规律总是在提供着充足的表述结构和限定运作空间，使任何思想都可以得到充分、准确和生动的表达，使语言永久可持续的发展成为可能。概述之，语言基本结构是语言运作整体上始终如一的架构，而语言实践中具体形态千差万别的形式或无限的句子是语言全面运作的结果。把握住了语言基本结构、组合规约以及创造性运作规律，实际上就理清了语言基本结构与话语实践中千姿百态的无限句子的关系。这一关系所揭示的事实是，语言基本结构、其组合规约以及创造性运作规律是"因"，复杂的表层结构形式是基于"因"之上运作的"果"。换言之，"简单"是语言的实质，"复杂"是语言的表象。

1.7 语言设计原则与普遍原则

本章我们以语言是否存在"既高度概括，极为简单明了且又极具生成能力的普遍规则"为切入点，通过引经据典探讨了什么是语言,语言的共性、本质,并从形式上概括出了其"设计原则"和实质。在此过程中,我们还尝试从新的角度解释了儿童为何在三到五年内都可以迅速掌握其母语,语言为何会呈现千变万化的具体表述形式以及为何其可以永久可持续发展等问题。至此,我们对人类语言有了一个较为全面的认知:

(1)语言是以句子的形式构建的言语系统,句子是一套被赋予了意义的声音或与之相对应的文字符号的组合。

(2)语言的本质是表述,是基于语言规约之上的意义组合。其"设计原则"为

$$S=(nC')NP+(nC'')VP$$

(3)语言是具有创造性的。二层性使语言基本单位可以被"无限组合",体现了语言递归性特征。这一特征不仅为语言具有制造无穷尽长句的潜力提供了理论基础,而且也为话语实践中生成或创造无限句子以及语言永久可持续发展的可能性提供了理论依据。

(4)"简单"是语言的实质,"复杂"是语言的表象。

基于以上对语言整体的认知,我们事实上几乎已经回答清楚了本章开首提出的问题:人类语言是否存在着既高度概括,极为简单明了且又极具生成能力的普遍规则?

很明显,这个问题的答案是肯定的。不难看出,这个问题的关键词是"规则"(rules),是个名词。这一名词同时被四个限定语所"递归"限定,是一个被限定了具体内涵的规则。也就是说,这个"规则"必须具备四个特点:(1)高度概括;(2)极为简单明了;(3)极具生成能力;(4)普遍的。基于此,我们本章概括的"语言设计原则"$S=(nC')NP+(nC'')VP$,即句子→(n 个限定语)名词词组+(n 个限定语)动词词组,已经基本具备了以上四个特点。

语言普遍原则的创造性运作

第一,"语言设计原则"是"高度概括"的。它把无限千变万化的句子生成的运作过程概括为一条原则(principle)。第二,该原则又是"极为简单明了"的。它是基于十分简单的二元架构之上的运作。第三,它"极具生成能力",体现于语言运作或句子生成中语言使用者可以自由地引入或使用修饰语或限定语(C'/C'')对 NP 或 VP 进行进一步说明或指定。这一运作使语言使用者同时拥有无限的表述结构空间和无限的限定空间。第四,该原则是"普遍的"。虽然各种语言在基本结构的成分语序和约定俗成的组合规约或"参数"方面有所不同,但其所体现的基本结构是人类语言普遍存在的共同特征。然而,尽管语言设计原则具备了普遍规则的四个特点,我们还是认为不能急于将该原则等同于"高度概括,极为简单明了且又极具生成能力的普遍规则"。因为该设计原则还没有揭示出语言基本结构或句式成分本身是否也具有递归性,有何规律。关于这一点,我们在下一章将做更进一步的研讨。

尽管如此,认知语言设计原则显然具有重要的现实意义。它从语言的整体和形式上揭示了其基本结构和创造性运作的部分规律,使语言创造性不再是一个抽象的概念。这一揭示使我们认识到:人们对于语言形式或语法的研究还没有完善。一个很明显的事实是,在现有的语法书中,至今尚未有语言创造性运作方式或规律的描述。创造性运作是语言运作中一个十分关键的部分。缺失这一关键的部分,语言形式或语法的研究是不完整的。语言设计原则的现实意义还在于它为进一步研究语言提供了一个操作性很强的运作平台。这一运作平台把语言基本结构与话语实践中形态千变万化的无限的句子联系在一起。这一联系使所有的语言特征包括语言创造性运作规则都能够被置于其中得到分析与诠释,从而使人们认识清楚语言基本结构与千差万别的具体形式的关系。

第二章　语言设计原则的两层关系与普遍原则

2.1　语言设计原则的两层关系

语言设计原则是基于句子的层面高度概括出的原则，它几乎涵盖了语言的全面运作。从 $S=(nC')NP+(nC'')VP$ 可以看出，这一设计原则直观地呈现了语言运作的两层关系。

第一层关系：NP 与 VP 的组合关系，即表述对象 NP 与对表述对象的表述 VP 之间建立起的联系或组合。两者的组合构建了一个极为简单明了且语义完整的表述框架，即语言基本结构。这一层关系是语言运作或句子生成的主要关系。$S=NP+VP$ 是当公式括号里的限定语（C'/C''）均不出现时的表现形式，体现的是语言的基本运作。

第二层关系：限定语与 NP 或 VP 的关系，即 $nC'NP$ 或 $nC''VP$ 的组合关系。这一层关系在语言运作中是从属关系，但却是一个十分关键的组成部分。限定语与 NP 和 VP 的组合运作是不受限制的，即语言使用者可以自由地使用限定手段对名词和动词进行进一步的说明和指定，体现的是语言创造性的运作。

2.2 第一层关系：NP＋VP

　　语言设计原则所呈现的第一层关系实际上早已被语言学界所认知。其五个具体的表现形式——基本句式(basic sentence patterns)也早已被语法学家从不同的角度概括了出来。但让人产生分歧的是,这一基本结构或基本句式在"语言形式"的研究或语法体系中所应有的地位。章振邦(1999:23)编著的《新编英语语法教程》(第三版)、张克礼(2005:3)的《新英语语法》(第二版)均把该基本句式归类为"分句基本类型"(basic clause type);张道真(2006:339)在他的《张道真实用英语语法(最新版)》中则把其列为"英语动词句型"(English verb patterns)。根据整体的语法体系中的安排,基本句型被给予的是与名词、短语、时态、虚拟语气、助动词与情态动词等平行的语法地位。这显然没有体现它们在语言运作中的实际功能。基于"分句基本类型"或"动词句型"层级的诠释以及这些诠释下基本句式在语法体系中的语法地位显然有待商榷。

　　所谓"英语动词句型"(English verb patterns),在语法书中实际上涵盖了包括主语在内的句子运作的结构表现形式,体现的是整体的句子基本结构。显而易见,它们与其他句子运作的"细节"如时、体、态等组合规约有着实质上的不同。这一基本结构或句式是句子生成或创造的整体框架结构,而那些具体的运作"细节"只是围绕着基本结构或句式运作的约定俗成的组合"规约"或语法"参数"。尽管"分句基本类型"实质上也是指句子的基本结构或句式,但分句与句子毕竟有差别,属于不同的系列层级。由此可见,把基本句式(basic sentence patterns)列为"动词句型"(verb patterns)

或"分句基本类型"(basic clause type)均人为地降低了其所处的语言系列层级。这种设置显然没有体现它们在语言运作中的实际价值。这很容易使句子或语言运作的"主"与"次"或"整体"与"细节"混淆起来,从而使其框架的核心作用被削弱。换言之,这样的设置并没有真正体现该基本结构或句式在语法系统中适当的地位,其在语言运作中的功能被严重低估了。

该基本结构或句式的价值被人低估的原因主要在于"语言是一套无限句子的集合"的观点尚未被普遍接受。"句子"作为语言单位和语言系列中的一个层级是人们早已认定的事实。然而,无论从形式还是从语义的视角上看,"句子"显然是语言系列层级中的一个最为特殊的语言单位。语言是人类用来交际的言语(words)或符号(signs)的系统,而"words"或"signs"并不是一堆堆杂乱无章的词语,被人们堆砌在一起用来交际。正如我们在上文所谈到的,尽管语言系列层级中的单个词、词组都被赋予了一定的意义,均是语言的一个部分,但真正能够进行成功的交际的无疑是一个个句子,即具有"完整意义"的表达。也就是说,言语"words"或符号"signs"实际上并不是无形的抽象的,它们是以句子的形式构建的一组组词语的组合,具有使人们达到相互理解目的的表现结构形式和组合运作依据。而这表现结构形式和运作依据就是句子的基本结构和"约定俗成"的组合规约。正是基于该基本结构和规约,人们才有可能持续不断地生成和创造无限的可理解的句子。也正是这不断扩大的无限的句子构成了人类语言。由此可见,句子的基本结构或句式已经远远超出了"动词句型"和"分句"的范畴,甚至超出了一般意义上"句子"的范畴。换言之,"句子"这一特殊的语言单位事实上具有双重的身份。从语言系列层级上看,它无疑是其中的一个层级即句子的层级。而从语言实际运作和交际的角度上看,它又属于语言的层级,其在语言运作中的核心作用毋庸置疑。因此,将其称为语言基本结构并没有人为地拔高其在语法体系中的实际地位,而是体现了其名副其实的价值。在第一章,我们从理论上已对该问题有过一些讨论,在下文,我们将基于语言设计原则的第一层关系,从形式上做更进一步的深入探讨,从而确立句子在语法体系中的核心地位。

2.2.1 语言的基本结构及其具体表现形式

语言设计原则的第一层关系呈现了一个极为简单明了的表述框架。基于这一架构,人们可以依据组合规约将词语(words)进行有规律的排列,从而组合成一个个具有完整意思的句子或可以随时用来进行交际的话。从这个意义上看,人们要进行成功的交际只需满足两个条件,即具有"表述对象"NP 和"对表述对象的表述"VP。在语言实践中,人们正是凭借着这一简单明了的语言基本结构和组合规约说出和理解句子或话语。

事实上,语法学家从不同视角概括出的句子类型无一例外地体现了语言设计原则的第一层关系。

例如,以词类为基础,鲍林格(Bolinger)(1968)提出以下五种基本的句子类型:

例 1

(a) Mother fell.(名词词组+不及物动词)

(b) Mother is young.(名词词组+系词+补语)

(c) Mother loves Dad.(名词词组+及物动词+名词词组)

(d) Mother fed Dad breakfast.(名词词组+及物动词+名词词组+名词词组)

(e) There is time. (There＋存在性动词＋名词词组)

(胡壮麟,2007:100)

以上五种句子类型的例子都是语义完整的表现形式,即可以随时用于交际的句子或"言语"。句子类型中出现的词类有名词(词组)、动词(词组)和补语(形容词)等,其中的动词涉及系动词(be)、不及物动词(Vi)和及物动词(Vt)。可以看出,虽然在这五种句子类型中出现的词类并不多,单词也很少,但都满足了句子生成运作的两个条件,即具有表述对象 NP,也有对表述对象进行表述的 VP。尽管句子类型中呈现的动词只有三种,但却囊括了人类语言普遍存在的所有动词的类型,也就是说,语言的所有动词都可以在这二大类(系动词和行为动词)三种类型(be、Vi、Vt)中找到其所处的位置。在这五个句子中,最为典型和简洁的当属第一个类型(a),即名词词组＋不及物动词组合的句子类型。很明显,这一类型体现的正是 NP 与 VP 的组合关系,即语言设计原则中的第一层关系。同样明显的是,其他四个句子类型也均未超出这一层关系,即名词词组与动词词组的组合范畴;只是动词词组 VP 因动词的属性差异而有着不同的组合表现形式。其中,系动词＋补语的组合构建了一种类型的动词词组(VP＝VC),及物动词＋名词词组的组合构建了另一类的动词词组(VP＝VO),及物动词＋名词词组＋名词词组的组合构成了又一类动词词组(VP＝VOO)。不难看出,以上句型中的补语和及物动词后的名词词组并不是孤立的成分,它们都是构成 VP 的一个不可或缺的部分。换言之,它们是语言基本结构的具体表现形式。如果我们用句式字母来表示,这些句子类型则可分别表示为:SV、SVC、SVO、SVOO、VS。其中值得注意的是第五个句子类型,即 there be 类型。该类型中动词 be 较为特殊,它不是系动词。其意义是

"存在"(exist),属于不及物动词的范畴,而句型中的名词(time)则为 S。从形式上看,该类型可表示为 VS,但从语义上看,也可视为 SV 的倒装句型。这样,鲍林格以词类为基础所提出的句子类型则可视为四个,比我们上文所列的五个基本句式只是少了 SVOC。

又如,从句子成分语法功能的视角,夸克等(Quirk, et al.)(1972)介绍的以下七种句子类型也同样体现了语言设计原则的第一层关系:

例 2

(a) SVC   Mary is kind.
           a nurse.

(b) SVA   Mary is here.
           in the house.

(c) SV   The child is laughing.

(d) SVO   Somebody caught the ball.

(e) SVOC   We have proved him wrong.
           a fool.

(f) SVOA   I put the plate on the table.

(g) SVOO   She gives me expensive presents.

(胡壮麟,2007:100)

可以看出,以上句子类型与从词类视角提出的句子类型异曲同工。除了例 2(g)中添加了一个形容词"expensive",它们均为基于句式成分之上生成的句子,都是语义完整的句子。根据对句子内部成分功能的分析,每一类句型都是由主语和谓语两个部分组合而成。主语为表述对象,由名词短语充当。谓语为对表述对象的表述,由动词词组充当。显而易见,所谓主语与谓语的关系也就是 NP 与 VP 的关系,即语言设计原则所体现的第一层关系。以上几个句子类型中的 NP(名词和代词)没有体现不同的语言结构形式,但 VP 的结构形式却有七种:VC、VA、V、VO、VOO、VOC、VOA。其中(a)VC 与(b)VA 中的 V 为系动词(be),(c)中的 V 为不及物动词(Vi),后四种形式的动词为及物动词(Vt)。换言之,这七个句子类型也涵盖了语言普遍存在的三种动词。对照从词类和功能视角概括出的句子类型,有四个类型是完全一致的,即 SV、SVC、SVO、SVOO。后者多出的句子类型有:SVA、SVOC 和 SVOA。可以看出,这些多出的句子类型中成分 C 与 A 均为补语,它们在句中的语法功能是相同的。这样,如果把补语 A 并入补语 C 的范畴,那么,后者实际上只比前者多出一个类型 SVOC。从例(2)(e)、(f)类型的例子可以看出,SVOC 是日常生活中很常见和被广泛应用的一类表述方式。补语 C 是该句子类型 VP 中不可或缺的一个部分。基于此,上述七个句子类型则可以进一步归纳为:

SVC、SV、SVO、SVOO、SVOC

我国语法学家张道真、章振邦等在其语法书上所介绍的"动词句型"和"分句基本类型"即为这五种句型。张道真(2002:339)认为:"语言是千变万化的,要掌握语言,必须掌握语言的核心。动词句型可说是语言的核心,是骨干。纲举目张。"章振邦(1999:23)也指出:"所谓基本句型就是分句结构的几种基本'格局',也就是千变万化的句子的结构雏形。正是这有限的分句结构雏形及其转换形式,能够衍生出无限的实际使用中的句子。"从两位语法学家的论述可以看出,他们实际上都没有否认英语基本句型的价值,但把它们归类于英语动词句型(English verb patterns)和分句类型(clause type)显然是矛盾的,没有体现出"千变万化的句子的结构雏形"和"语言的核心"的地位。

2.2.2 语义完整的表述框架

语言设计原则的第一层关系,即 NP 与 VP 的组合,构成了一个语义完整的表述框架。基于这一基本结构或五个基本句式的所有句子都是语义完整的表达。长期以来,传统语法就一直坚持认为"一个句子表达一个完整的思想"。然而,生成语法,基于其所采用的"明确的"(explicit)、"形式的"(formal)模型视角,认为该诠释是一个"不明确、无法检验是非的定义"(徐烈炯,2009:32)。事实上,如果从语言普遍原则第一层关系的视角去剖析,该定义完全可以从语义和形式上得到明确的、是非可证的检验。

从语言或句子运作的过程来看,NP(名词词组)或者 VP(动词词组)均属于"部分意义"的组合形式,即词与词组合成词组的层级。其各自"部分意义"的组合具有其运作规则,都是为了"完整意义"的构建,即句子的生成所做的准备运作。基于此,我们可以通过对其组合的整体架构和 NP 与 VP 各自组合运作规则的剖析,从语义和形式上证明两者之间建立起的联系或组合为何是个语义完整的表述结构形式。从实质上看,这一表述结构形式体现的是名词与动词的关系。

《朗文当代高级英语辞典》(1998:1026)给予名词的定义是:

一个用来表示人、地点、事、行为、特征或思想的名字的词或词组(a word or group of words that is the name of a person, a place, a thing or activity, or a quality or idea);名词可用作动词的主题与话题或动词所涉及的宾语或介词的宾语(Nouns can be used as the subject or object of a verb or as the object of a PREPOSITION)。

该辞典(1998:1079)给予动词的定义为:

用来描述行为、经历或状态的词或词组(a word or group of words that is used in describing an action, experience, or state)。

以上辞典给予的定义清晰地表明了名词与动词各自的属性、功能以及两者之间建立起的关系。值得注意的是,上述定义中的名词和动词均涵盖了一组词(a group of words)的表现形式。也就是说,名词既可以是单个词,也可以是词组,甚至可以是从句。它们可以用来表示世界上的形形色色的人、物、事,其中包括了抽象的概念。根据这一属性功能,其可以被用来作为动词的主题与话题等,即谈论、交际的表述对象。这样,

名词(NP)→主题(话题)=表述对象

同样,动词也可以是单个词,还可以是词组或短语结构。它们可以用来描述某种行为、经历或状态,或者说对某一表述对象进行描述或表述,即,

动词(VP)→描述行为、经历或状态等=对表述对象的表述

这样 NP 与 VP 建立起的联系或组合则为:

主题+描述→表述对象+对表述对象的表述

从逻辑上看,有了表述对象又有对其进行的表述,该组合表述的语义就是完整的,即

表述对象+对表述对象的表述=语义完整的表述

换言之,NP(名词词组)和 VP(动词词组)建立起的联系或组合意味着一个语义完整的表述结构形式。人们说话就是为了让听者明白自己所说的意思。而要成功做到这一点就要使自己所说的

话语义完整,或满足我们上文所提及的两个必备的条件:有表述对象(NP)和对表述对象的表述(VP)。这一简单的二元框架完全符合人的逻辑思维,具有心理上的现实性或逻辑性。所以,语言基本结构或基本句式是直接建立在人类思维性质的基础之上的架构,是人们进行交际时说话和理解话语的心理和逻辑基础。

从整体的架构看是如此,实际上,从 NP 与 VP 各自的组合形式和规则上同样能得出相同的结论。

1. NP 的组合形式与规则

谈到将名词(noun)用来表示表述对象时,人们总是会将其与冠词(article)联系在一起,因为它们是语言运作中最常见和最基本的 NP 组合形式。

《麦克米伦高阶英语词典》(2003:65,378)给予冠词的定义是:

限定词中的一种类型(用在名词之前的词)以显示特指或泛指。[A type of DETERMINER (= word used before a noun) that shows whether you are referring to a particular thing or to a general example of something]

一类用在名词之前的词以明确所谈论的事(a word used before a noun for showing which thing or things you are talking about)。

《柯林斯 COBUILD 英语词典》(2000:83,449)的定义为:

冠词是一种限定词。在英语中,"a"和"an"被称作不定冠词,"the"称作定冠词。(An article is a kind of determiner. In English, "a" and "an" are called the indefinite article, and "the" is called the definite article.)

一类用在名词词组前的词以表明所指的事(a word which is used at the beginning of a noun group to indicate, for example, which thing you are referring to)。

以上两部词典均将冠词诠释为一种"限定词"(determiner)，即用在名词前来"限制名词意义的词"(a word that limits the meaning of a noun)(《朗文当代高级辞典》,1998:402)。可以看出,通过在某一普通名词之前使用冠词,可以显示该名词是否"特指"或"泛指",即通过这一"显示"可将该名词"限制"在某一指定范围之内,从而使其意义明确;通过限定词的"限制"可以表明说话者所谈论或所指的人、物、事。也就是说,冠词的使用可以使某一名词有"所指"或被"指定",从而不会引起歧义。这一最基本的组合运作揭示了 NP 组合的规则:语义明确。

我们知道,NP 既可以是单个的词,也可以是词组,甚至可以是从句。也就是说,除了冠词与普通名词的组合之外还有其他不同的语言结构形式,例如,单个的没有与任何冠词或限定词组合的名词、动名词短语、不定式以及从句等结构形式。那么,这些不同语言结构形式的 NP 是否均遵循了"语义明确"的组合规则呢？

(1)名词的零限定组合形式,即 NP→(Det.)+N

(a)专有名词(proper noun):John,New York,China

《朗文语言教学及应用语学辞典》(2000:372)给予专有名词的定义为:"指特定的人、地点或事物的名称(a noun which is the name of a particular person, place, or thing)。"其中,"particular"的意义为"特指的"或"特定的"。这样,所谓专有名词就是"特指或特定的人、地点或事物"。换言之,它们已不再是普通的而是已经被"限制"或指定了的名词,听话者完全明白说话者所指的人、地点或物。也就是说,它们的语义是明确的。

(b)代词(pronoun):he,they,it,you

《朗文当代高级英语辞典》(1998:1202)给予代词的定义是:

用来替代名词和名词词组的一类词,如他(he)可替代"Peter"或"the man"(a word that is used in place of a noun or a noun phrase, such as he instead of "Peter" or instead of "the man")。

从以上定义可以看出,所谓代词,也称代名词,替代的是专有名词(Peter)或已被"指定"了的名词词组(the man),即加了限定词的普通名词。既然专有名词与名词词组的语义是明确的,那"替代"它们的词的语义也是如此。

(c)抽象名词(abstract noun):sincerity, friendship, punishment

抽象名词与普通名词正好相反:普通名词用以命名实物(physical object),如book(书)、house(房子)和machine(机器),而抽象名词则用以表示品质、概念或情感等,如以上三个例词。这类词的非实物属性确定了其所具有的"抽象"属性和地位。从这个意义上看,它们的语义也是特别指定了的,并且是明确的。

以上的语言现象说明除了NP=Det.+N组合,还有NP→(Det.)+N的表现形式,即NP的零限定组合形式。尽管这些NP组合不带冠词或限定词,但实际上已经被"限制"或可以享受其"抽象"的地位,因而其语义也是明确的。也就是说,它们的组合形式也均遵循了语义明确的组合规则。

(2)动名词词组(gerund),即NP→Ving P

《朗文语言教学及应用语言学辞典》(2000:195)把动名词定义为:"动词的一种形式,以ing结尾,但在句子中可以作名词使用(a verb form which ends in -ing, but which is used in a sentence like a noun)。"(《朗文当代高级英语辞典》,1998:633)的定义是:"动名词(a VERBAL NOUN)"。

以上两种定义均指出了动名词 Ving P 一方面保持动词的属性,同时又具有名词的属性。因而,其可在句子中承担 NP 的功能作用。例如:

例 3

(a) Walking is my favorite exercise.
　　(Ving＝Ving P)

(b) Of course, saying "Thank you" does wonders for the
　　　　(Ving＋O＝Ving P)
person on the receiving end too.

(c) Being on time for lunch dates shows the person that we
　　　(Ving＋C＝Ving P)
value his time as much as we do our own.

从以上例句可以看出,表述对象 Ving P 有表示单个概念的组合形式,如例 a,但在话语实践中,更多的是概念群的组合结构形式或短语结构,如例 b 和例 c。从其组合结构形式上看,Ving P 仍然保持着动词的属性。也就是说,它的构建实质上是个 VP 组合。例 3(a)中的 Ving P 源自不及物动词 walk,例 3(b)来源于及物动词 say,例 3(c)源自系动词 be。不难看出,它们的组合形式也依据了系动词、及物与不及物动词的不同属性,体现为其组合结构形式的不同(如例析所示)。除源自不及物动词的 Ving P 因其自身语义已经完整,可以形成单个概念的形式外,源自系动词和及物动词的 Ving P 则添加了补语 on time for lunch dates 和宾语 Thank you。很明显,如果系动词没有补语,及物动词没有宾语,其语义是不完整的,补充补语和宾语是构成 VP 完整表述的需要。VP 表述完整,一个行为、经历或状态就得到了完整的表达。而从表述对象视角上看,VP 形式或 Ving P 的语义是完整的,其语义也就是明确的。换言之,动名词的组合方式同样遵循了 NP 组合语义明确的规则。

(3)不定式短语(infinitive),即 NP→Inf. P

《朗文当代高级英语辞典》(1998:781)给予不定式(infinitive)的释义是:

　　常与to连用的动词形式,可用于名词、形容词或动词之后,如,要去的欲望(a desire to go),去一趟很重要(It is important to go)和我想要去(I want to go)[the form of a verb that is usually used with to and can follow a noun, adjective, or other verb (for example, in a desire to go, It is important to go, and I want to go)]。

从语言形式上看,不定式短语(infinitive)是带了to的动词词组的组合表现形式,即to VP。从功能的角度上看,它可用于名词之后(a desire to go)起定语的作用;又可用于形容词之后(It is important to go)做句子的真正主语(it为形式主语),起名词的作用;不仅如此,它还可用于及物动词之后(I want to go)做其宾语,也起NP的作用。换言之,Inf. P与Ving P一样也具有名词的功能,也可以发挥NP的作用。而事实上,语法书均把不定式短语列为主语的表达方式之一。例如:

例4

　　(a) To compromise appears advisable.
　　　　(to Vi=VP)
　　(b) To stop the work now seems impossible.
　　　　(to V+O=VP)
　　(c) It is just like you to be always ready to help a friend.
　　　　　　　　　　　(to V+C=VP)

(张道真,2002:287-288)

从上述三个例子可以看出,与Ving P一样,Inf. P或to VP同时也保持了动词的属性,其组合也要依据动词不同的属性。当

to 后面的动词为不及物动词时,其可独立起 NP 的作用,如例 4(a);当其为及物动词或系动词时,其组合则需有宾语 O,如例 4(b)(the work)或补语 C,如例 4(c)(ready to help a friend)。显而易见,这是组合成 VP、完整表述的需要,也即语义明确的需要。由此可见,作为表述对象的 Inf. P 的结构形式也遵循了语义明确的组合规则。

(4)从句(clause),即 NP→Clause

《朗文当代高级英语辞典》(1998:258)对 clause 做了如下定义:

含有一个主语和限制动词的一组词,其可以构成一个句子或句子的一个部分,并常起名词、形容词或副词的作用(a group of words containing a subject and FINITE verb, forming a sentence or part of a sentence, and often doing the work of a noun, adjective, or adverb)。

从以上的定义可以看出,这样的"一组词"(a group of words)可以构成一个句子,因为其中含有一个主语(NP)和"限制动词"(VP),即 NP 与 VP,满足了构成一个句子的两个基本条件,其语义是完整的、明确的。这样的"一组词"同时也可以构成句子的一个部分,即起名词、形容词或副词等的作用。这就是说,可以把这样的一组词视为一个整体,让其执行 NP、Adj.和 Adv.的功能,即起名词从句、定语从句和状语从句的作用。可以起名词的作用则意味着可以起表达"表述对象"的作用。从句 clause 是 NP 的又一特殊表现形式。例如:

例 5

(a)That prices will go up is certain.

　　Clause [NP+VP(Vi)]

(b)Why he left his hometown wasn't important.

Clause [NP+VP(V+O)]

(c) Just because his job is to carry my bags doesn't mean he doesn't
Clause [NP+VP(V+C)]
appreciate a little gesture that makes his life a bit easier.

(张道真,2002:482)

我们从整体上把从句视为一个特殊的 NP,在句中起主语或"表述对象"的作用。其特殊之处在于其表现结构形式本身就是 NP+VP。就上述三个例子来看,从句中主语 prices/he/his job 的语义均是被指定了的、明确的,其中的谓语也都是 VP 表述完整的形式。显而易见,从句 clause 的构建方式也体现了语义明确的规则。

以上我们通过例析,分别从单个词(单个概念)、词组(多个概念或概念群)以及从句等不同的语言结构层面探讨了 NP 组合的规则。无论是表示单个概念[NP→(Det.)+N]的组合,还是概念群(Ving P、Inf. P)或从句(clause)的构建均遵循了其组合规则:语义明确。也就是说,NP 这个"部分意义"的准备运作就是使其语义得到"指定"或完整。

应该指出的是,NP 组合的结构形式并不像五个基本句式呈现的那样单一。在基本句式中,NP 并没有呈现其全部的结构形式。除了表示单个概念的表现形式 NP→(Det.)+N,它还有表示多个概念或概念群(词组)甚至从句等的不同组合结构形式,即:

NP→Ving P/Inf. P/Clause

与 VP 构建一样,表述对象 NP 实际上也具有不同的语言结构形式。这些不同的结构形式涵盖了语言词层级及以上的不同系列,其中名词或代词等构成的 NP 只是表述对象或主题最常见的表现形式。这也就意味着任何主题或表述对象,不论简单或复杂,都可以有其恰当的结构形式来表达。

2.VP 组合的结构形式与规则

在五个基本句式中,VP 组合的不同结构形式均得到了体现。我们知道,VP 之所以会存在五种不同的结构形式是因为语言有着二大类三种不同属性的动词,即系动词 Vl(linking verb)、不及物动词 Vi 和及物动词 Vt。原则上,每种动词只有一个 VP 组合结构形式,例如 VP=VlC、VP=Vi。但及物动词 Vt 情况比较特殊,除 VtO 外,它还有另外两个不同的结构形式:VtOO、VtOC。而这些不同的结构形式恰恰从形式上揭示了这一"部分意义"的组合规则:VP 表述完整,即能够完整地描述某一行为、经历或状态。

(1)Vi=VP

在五个基本句式中,唯一与语言基本结构(NP+VP)形式完全一致的是 SV。句式中的 V 为不及物动词。《柯林斯 COBUILD 英语词典》(2000:886)把不及物动词定义为:

"没有(不带)宾语的动词(an intransitive verb does not have an object)。"

所谓"没有"或"不带"宾语意味着 Vi 所指的动作没有涉及他物,其本身所具有的语义内涵已经是一个 VP 的完整表述,即 Vi=VP。例如:

例 6

The girl　　smiled;
S(NP)　　V(VP)
　He　　　retired.
S(NP)　　V(VP)

(2)VlC=VP

VlC 是 VP 构建的又一表现结构形式,其中 Vl 为系动词(be)。《柯林斯 COBUILD 英语词典》(2000:130)给 Vl 下的定义是:

介绍更多有关主语的信息,如其身份、本质、质量或位置等(to introduce more information about the subject, such as its identity, nature, qualities, or position)。

《朗文当代高级英语辞典》(1998:105)使用了以下定义:

表示某人或某物与主语相同(shows that someone or something is the same as the subject);

表示地点和时间(shows position or time);

表示某人或某物属于某一群体或具有某种特征(shows that someone or something belongs to a group or has a quality)。

根据以上几条定义,系动词 Vl 用于"介绍"更多有关主语的信息或"表示"人、物、事等相关的信息,实际上只具有"介绍"(introduce)和"表示"(show)的内涵,并不含有所要介绍的相关信息或所要表示的某一特征、状态等语义。也就是说,其自身所含有的意义并不是一个完整的 VP 表述。因此,要使 VP 表述完整,则需要补足与之相关的信息,或者说通过添加"补足语"(complement)来实现。根据上述定义,与其相关的"补足语"为表示某人或某物身份、性质、质量和表示其状态、目的和位置等的词或短语结构(C)。例如:

例 7

The man is a teacher.

(V+C)=VP

The tape-recorder is on the table.

(V+C)=VP

显然,补足语 C 是 Vl(be)构成完整 VP 表述的一个不可或缺的成分。系动词 Vl 只有与补足语 C 进行组合才能构成意义完整的 VP,即 Vl+C=VP。而这一组合(VC)表明其运作也遵循了

VP表述完整的规则。

(3) VO/VOO/VOC＝VP

事实上，VP表述完整的规则在及物动词(Vt)的组合运作上体现得最为明显。

在《朗文当代高级英语辞典》(1998:1645—1646)里，Vt被定义为：

必须有宾语或起宾语作用的短语的动词(a verb that must take an object or a phrase acting like an object)。

《柯林斯COBUILD英语词典》(2000:1780)给予的定义是：

及物动词有直接的宾语(a transitive verb has a direct object)。

尽管及物动词Vt本身有其语义内涵，但以上定义表明这类动词必须有宾语或起宾语作用的短语。也就是说，该类动词还涉及了另一对象——人、物或事，而这另一对象是该类动词本身内涵中所没有的。因而，在使用该类动词时，与其说"必须有"宾语，不如说它需要"补足"其所涉及的对象才能构成完整的VP表述，即VO＝VP。例如：

例8

I love you.

(V＋O)＝VP

John denied making any statement.

(V＋O)＝VP

显而易见，没有句中的宾语(you、making any statement)，例8两个例句中的VP表述是不完整的。然而，以上词典的定义实际上并未展示出及物动词构成完整VP表述的全部结构形式。一些及物动词Vt有了宾语之后其语义仍然不足，它们还需有其他补足语的进一步补足才能构成完整的 VP 表述。例如：

例 9

(a) She gave him a watch.
    (V+O+O)=VP

(b) The students have proved the teacher wrong.
    (V+O+C)=VP

(c) The professor put the book on the shelf.
    (V+O+C)=VP

例 9 中的补足语概括了对 Vt 涉及对象或宾语 O 进行更进一步补足的非常普遍的表现结构形式。如例 9(a)"补足"的部分是另一宾语(a watch)，语法上称之为"双宾"现象。例 9(b)、(c)补足的分别是宾语 O 的特征(wrong)和状态(on the shelf)。很明显，这些补足都是不可或缺的，是这类及物动词构成完整 VP 表述的必要部分。由此可见，及物动词 Vt 构成的不同结构的 VP（VO、VOO、VOC）很典型地揭示了其组合的规则：VP 表述完整。

以上我们对 NP 和 VP 不同组合结构形式的剖析揭示了它们的构建所基于的组合运作规则。其组合规则表明：这两个"部分意义"的准备运作就是使 NP 语义明确，VP 表述完整。既然 NP 组合的语义是明确的，作为表述对象，该部分的语义就已完整，而 VP 组合又是完整的表述，那么，这两个"部分意义"建立起的联系，即 NP+VP 组合，就必然是"完整意义"的表述形式——句子。至此，我们从语义和形式上证明了基于 S=NP+VP 生成的句子均是"完整意义"的表述，也验证了"一个句子表达一个完整的思想"的正确性。

我们还从形式上剖析和梳理了 NP 所具有的，但并没有在语言基本结构或句式中体现的不同语言结构。这些不同的语言结构涵盖了词、词组和从句等表达形式,即既有表示单个概念的,又有表示多个概念组合的,甚至有表示完整意义的概念群。这就使语言使用者对 NP 的组合具有了更多的选择。换言之,这些不同的组合结构形式可使任何表述对象的表达成为可能。而 VP 的不同语言结构形式则具备了对任何表述对象进行描述的潜力。这样,NP 与 VP 在不同语言结构之间就具有了进行不同排列组合的巨大潜力,这就意味着它们具备了对任何思想进行表述的无限可能性。我们可把其归纳为:

S→NP(Ving P)(Inf. P)(Clause)+VP(VC)(V)(VO)(VOO)(VOC)

2.3 第二层关系:扩大或限定 NP 或 VP 内涵的组合运作

关于语言设计原则的第二层关系,即限定语与 NP/VP 的关系,我们在第一章 1.5.2 中已经有过基于语言复杂性角度的相关探讨。尽管这一通过"引入"或"嵌入"额外的词语对 NP 与 VP 进行进一步描述(describe)的运作在句子生成中属于从属关系,但其在语言运作中的作用或重要性是毋庸置疑的,因而需要更为全面和进一步的研讨。我们知道,这一组合运作的目的在于进一步说明(explain)或指定(specify)NP/VP,从而补足或增添其相关的语义以扩大内涵或排除外延。考虑到这一层关系,我们首先会想到形容词与 NP 和副词与 VP 的组合。所谓形容词"修饰"名词、副词"修饰"动词组合体现的是语言设计原则第二层关系的最基本的组合运作规则或方式。

2.3.1 形容词与 NP、副词与 VP 的组合关系

我们不妨先看一下有关形容词和副词的诠释。《朗文当代高级英语辞典》(1998:17-20)把形容词(adjective)定义为:"用来描述名词或代词的一类词(a word that describes a noun or pronoun)。"其给予副词(adverb)的定义是:"用来描述或增添动词、形容词、副词或句子语义的一类词或词组(a word or group of words that describes or adds to the meaning of a verb, an adjective, another adverb, or a sentence)。"

基于以上定义,形容词与副词的语法功能分别是用来"描述"(describe)NP 与 VP。前两者为描述手段,后两者为被描述的对象。它们之间组合的关系为描述与被描述的关系。这一组合方式构成了描述名词与动词的最常见的基本规则。根据上述定义,使用副词对动词进行描述可以增添 VP 等的语义,那么,使用或引入形容词对名词或代词进行描述当然也可以增添 NP 的语义。换言之,人们可以通过引入它们来描述 NP 或 VP,从而使其表达更为充分、确切和生动,或者说,使作者所欲表述的思想得到展现。例如:

例 10

         S   V
Poor John ran away.
(Adj.)   (Adv.)
可怜的约翰跑走了。

可以看出,该例基于句式 SV,其中引入了两个额外的词分别对句中的 NP 和 VP 进行了描述。引入的形容词(poor)对 John

(NP)进行了描述,从而增添了 John 特征的语义;引入的副词(away)则对动词 ran 进行了描述,添加了该动作的方式语义。很明显,通过这样引入额外词语的运作,句中表述对象和对表述对象的表述的内涵得以扩大,外延得以缩小。也就是说,这一运作可以使表述更为充分和准确。同样明显的是,这样的运作并未改变其基本结构 SV。

我们知道,形容词描述名词(形名组合)、副词描述动词(副动组合)只是扩大 NP 与 VP 内涵的最常见的基本组合规则或方式。也就是说,在语言运作中实际上还有其他的描述方式或手段能够发挥类似形容词或副词的作用,即还有不同的词类(名词、数词和分词)以及不同的语言结构可以对 NP 和 VP 进行描述。

2.3.2 描述 NP 和 VP 的其他手段:短语结构(词组)与从句

例 11

     S   V O C
(a) Her anxiety to succeed led her to work hard.
      (Inf. P)
想要成功的渴望促使她努力工作。

(张道真,2002:296)

         S V   O
(b) To do good work, one must have the proper tools.
  (Inf. P)
要干出像样的活,就得有合适的工具。

(张道真,2002:298)

如例句标示所示,以上两个句子分别基于句式 SVOC 和 SVO。可以看出,两个句子引入或附加了不同于形容词和副词的描述手段,即都利用了不定式 Inf. P 的短语结构。不难看出,例 11(a)中的不定式"to succeed"是用来描述表述对象 NP(Her anxiety)的,所添加的"想要成功"的语义,使"她的渴望"得到具体的说明或指定。例 11(b)中的不定式"To do good work"则是被用来描述 VP(have the proper tools),添加了与其相关的语义(要干出像样的活),从而使"要有合适的工具"的目的得以明确。同样可以看出,两个例句使用了相同的限定手段,但例 11(a)中的不定式起的是类似形容词的作用,而例 11(b)中的不定式则起类似副词的作用。

例 12

```
                    S
The superintendent  of the jail, who was standing apart from
                    (Prep. P)   (Clause)
                                                         V
the rest of us, moodily prodding the gravel with his stick, raised his
        O              (Participle P)
head at the sound.
     (Prep. P)
```

(何兆熊,2008:32)

例 12 基于基本句式 SVO,主要聚焦于对表述对象 NP(the superintendent)的描述。该例句也引入了与形容词或副词不同的描述手段,其中有介词短语(of the jail)、从句(who was standing…)和现在分词短语(prodding the gravel…)等。可以看出,这三个不同语言结构都是用来"重复"描述 NP 的,起的是类似形容词的作用。通过这一重复描述运作添加了表述对象 NP 的属性、状态及伴随状况等相关的语义,使得句中表述对象的身份、所处的位置以及动作等均得到具体的说明或指定,扩大了其内涵。不仅如此,句中还使用了另一介词短语(at the sound)描述了 VP(raised his head),该手段承担的是类似副词的功能,增添了该动作发生时的时间,缩小了其外延。显而易见,这一利用不同语言结构的重复描述运作使得整个句子的表达充分、准确和生动。

例 13

<u>When I wrote the following pages, or rather the bulk of them</u>,
　　　　　　　　　(Clause)
S　V
<u>I lived</u> <u>alone</u>, <u>in the woods</u>, <u>a mile from any neighbor</u>, <u>in a house</u>
　　　(Adv.)　(Prep. P)　　　　(NP)　　　　　(Prep. P)
<u>which I had built myself</u>, <u>on the shore of Walden Pond</u>, <u>in Concord</u>,
　　　　　　　　　　　　(Prep. P)　　　　　(Prep. P)
　　　　　　　＋　V　　O
<u>Massachusetts</u>, and <u>earned</u> <u>my living</u> <u>by the labor of my hands only</u>.
　　　　　　　　　　　　　　　　(Prep.P)

(Thoreau,2008:5)

该句基于基本句式 SV(I lived),又并联了一个谓语(VO),句子的表层结构用公式可表示为 SV+VO。可以看出,该例也引入了多种不同语言结构的描述手段。然而,与例 13 主要描述 NP 不同,本例整个句子聚焦于对 VP(lived)的重复描述。除了使用副词(alone)这一常规描述手段之外,句子还使用了前置的从句(when I wrote…),后置的介词短语(in the woods,in a house…,in concord,…,on the shore…)、名词短语(a mile from any neighbor)等不同语言结构的手段对 VP 进行重复描述。显然,这些描述手段起的均是与副词相类似的作用,从而添加了该 VP 发生的时间、地点、方式等相关的语义,使其得到非常充分和具体的表述。不仅如此,句中还使用了另一介词短语(by the labor…)对句中并联的VP(earned my living)进行了描述,增添了该 VP 的方式语义,使整个句子的意义更为充分和完整。

以上所列举的例子表明,除形容词(短语)、副词(短语)之外,人们还可使用其他不同语言结构的手段对 NP 与 VP 进行描述，如名词词组、介词短语、分词短语、不定式、从句等。不难看出，这些手段实际上也涵盖了词、词组和从句等语言系列层级。从语法的视角上看，这些不同语言结构的描述手段具有不同的语法功能或限定功能。例如，不定式可以用来添加"将来"的内涵，过去分词短语可以用来增添"被动"的蕴含义；又如，从句可以用来添加时间、地点、原因、结果、条件等与 VP 相关的语义。总之，这些不同语言结构的手段具备了对 NP 和 VP 进行全方位描述的潜力。

　　值得注意的事实是：这些被用来描述 NP 的手段与被用来描述 VP 的手段是相同的。例如，例 11(a)、(b)中的两个不定式(to succeed、to do good work)，前一个用来描述 NP，后一个用来描述 VP；又如，例 12 中的两个介词短语(of the jail、at the sound)，前者用于描述 NP，后者用于描述 VP；再如，例 12 和例 13 中的从句(who was standing…、when I wrote…)，前一个描述 NP，后一个描述 VP。这些语言现象表明，不同语言结构的描述手段具有双重功能。也就是说，它们不仅具有描述 NP 的功能，还具有描述 VP 的功能。当它们被用来描述 NP 时，起的是类似形容词的作用，在语法上被称为"定语"；而当它们用在描述 VP 时，则起类似副词或"状语"的作用。

　　由此引起的一个问题是：形容词是否可以描述动词？副词是否也可以用来描述名词呢？如果答案是肯定的，那么，又该如何解释形容词描述名词与副词描述动词的最基本的运作规则呢？实际上，在话语实践中，确实存在着形容词描述 VP、副词描述 NP 的语言现象。

例 14

      S V
Curious, we looked around for other guests.
（Adj.）
由于好奇,我们向四周张望看有什么别的客人。

（张道真,2002:388）

  例 14 基于句式 SV。从形式上看,例句中的形容词（Curious）并没有像其常规运作那样与某一名词进行直接组合,而是由一个逗号隔开。这表明它并不是在描述任何名词或代词。从语义上看,它实际上是在添加或在呈现"四周张望"（looked around）的原因。也就是说,它被用来描述句中的 VP,起着"状语"的作用。

  张道真（同上）在其语法书中指出,"形容词作状语时也不少,在很多情况可引导一个短语"。换言之,形容词及其短语用来描述 VP 的语言现象在语言实践中并非罕见。

例 15

                       S
Straight-backed and indignant, one by one, my family and I
  （Adj. P）
V   V   V
got down from the counter stools and turned around and marched
out of the store, quiet and outraged, as if we had never been
        （Adj. P）
Black before.

（何兆熊,2008:3）

  例 15 也是基于句式 SV,其中并联了两个 VP（turned around、marched）,其表层结构可表示为 SV＋V＋V。句子也引入了多种不同语言结构的手段对句中的动词进行了重复的描述,其中就有两个形容词短语（straight-backed and indignant、quiet and outraged),一个前置,一个后置。从形式上看,它们也分别由逗号隔开,没有像"形名"组合的规约那样直接与任何名词连接在一起。而从其所处的位置上看,它们分别与名词短语(one by one)以及介词短语(out of the store)和从句(as if…)并列在一起,起的显然是相同的类似副词的作用。

例 16

   S V   +S V
They stand here and I stand here today, grateful for the di-
           (Adj. P)
versity of my heritage, aware that my two parents' dreams live
         (Adj. P)
on in my two precious daughters.

(奥巴马,2011:4)

  例 16 是个并列句,其表层结构可表示为 SV+SV。很明显,该句主要聚焦于对第二个小句中 VP(stand)的进一步描述。该小句中不仅使用了副词(here)、名词(today),还使用了两个由形容词引导的短语(grateful for…、aware that…)来描述该 VP。这两个形容词短语也均由逗号隔开,且与其他两个描述手段并列在一起,很明显起着状语的作用。

  从以上几个例子可以看出,形容词及其引导的短语同样可以被用来描述动词,起"状语"的作用。但需指出的是,在此情形下,它们并不像"副动"组合那样可以直接置于动词之前或之后,而必须由逗号隔开。

  形容词及其短语可以用来描述动词,起"状语"的作用,那么,副词是否也可以用来描述名词,起"定语"的作用呢?

例 17

(a) The buildings around were badly damaged.
   S   V   C
     (Adv.)
周围的建筑物都受到了严重损害。

（张道真,2002:420）

(b) Take the up escalator.
 V   O
   (Adv.)
坐往上去的电梯。

（同上）

(c) She is rather a fool.
 S V   C
   (Adv.)
她是挺傻的。

（章振邦,1999:430）

(d) Their behavior yesterday was quite embarrassing.
   S   V   C
      (Adv.)
他们昨天的行为让人颇为尴尬。

（张克礼,2005:288）

  从形式上看,以上四个例句中的副词均与形容词的常规运作一样直接与 NP 组合,其中既有前置也有后置。从语义上看,它们显然是用来描述名词的,起的是"定语"的作用。例 17(a)中的副词 around 后置于其所描述的对象 buildings,增添了"周围的"的语义。例 17(b)中的副词 up 前置于其所修饰的 escalator,添加了"向上的"内涵。例 17(c)中的副词 rather 前置于名词 a fool,增添了"相当"或"挺"的意思。例 17(d)中的副词 yesterday 后置于其描述的对象 behavior,补充了"昨天的"的含义。由此可见,副词也能用来描述名词,在句中起着"定语"的作用。

　　上述的语言现象(例14至例17)表明形容词可以用来描述或修饰动词,副词可以用来修饰名词。然而,需要指出的是:形容词用于修饰VP时并不能直接与VP组合,需要由逗号隔开;而副词用于描述NP时,尽管能直接与其进行组合,但这类副词通常为地点和时间的副词,并非所有副词。基于此,在实际的语言运用中,我们原则上还是应该遵循形容词描述名词、副词修饰动词的组合基本规则。当然,我们也得承认形容词及其短语描述动词是常见的语言现象,一些类别的副词描述名词也是可以的。因此,我们在句子的生成或创造运作中要格外谨慎。

　　以上我们基于设计原则的第二层关系,以形容词描述名词、副词描述动词的组合规约为切入点,梳理了有同样功能的词类、短语结构和从句等描述NP或VP的组合手段。所列举的例句或语言现象表明:这些不同语言结构的描述手段基本上都具有与NP又与VP进行组合的双重功能。我们可把这些不同的语言结构归纳如下:

　　　形容词(短语)、副词(短语)、名词短语、现在分词短语、过去分词短语、介词短语、不定式、从句

　　可以看出,可与NP与VP进行组合的语言结构或手段的数量还不到十个,是很有限的。尽管这些限定手段很有限,但却囊括了词、词组和从句等不同的语言系列层级。语言二层性带来的"无限组合"可为之提供无比丰富的资源。基于语音层级它们可以组合成表示单个概念的词的语言形式,如形容词、副词、名词。基于词的层级可以组合成表述复杂的概念群的结构形式,如现在分词短语、过去分词短语、不定式,甚至还有语义完整的从句等。而这些不同语言结构的组合手段又具有语法上各自不同的描述功能,满足了对NP与VP进行各种描述的需要。也就是说,无论是简

单的描述还是复杂的表达总是可以有恰当的手段,或者说,通过这些不同语言结构的手段的创造性运作,任何 NP 与 VP 总是可以得到充分、确切和生动的描述。

2.3.3 描述、修饰与限定

尽管以上能与 NP 和 VP 组合的不同语言结构所起的作用与形容词和副词相同,但把它们都视为"描述"(describe: to say what something is like)手段,或教科书上通常称之的"修饰"手段并不确切和全面。根据"描述"的定义,形容词和副词当然是描述手段,其所描述的内涵或增添的语义为"what something is like",常常带有主观的色彩。然而,如果我们仔细审视上述例句中所使用的其他语言结构的手段,便会发现它们所增添的语义更多为"what something is",即事实性内涵,具有客观性。由此可见,它们的功能事实上已远超出"描述"的范围。在语法书和教科书中,这些组合手段常被称作用来"modify"NP 或 VP,汉语通常翻译为"修饰"名词或动词。"modify"在《朗文当代高级英语辞典》中(1998:973)的诠释为:(of a word, esp. an adjective or an adverb) to describe or limit the meaning of (another word),汉译为:[尤指形容词或副词]修饰[另一词]。可以看出,汉语译文中只译出了该诠释的前半部分,并没有将其后半部分"或限制另一词的意义"给翻译出来。而从语言运作的视角上看,这一被漏译的部分不可或缺。中文的"修饰"在《现代汉语词典(增补本)》(2002:1416)中的定义是:修改润饰,使语言文字明确生动。很明显,"修饰"只是含有"modify"的内涵的前半部分,并没有蕴含后半部分的语义。"修饰"目的在于润色、使文章增色,侧重于语言运作的结果,而"modify"除了描述之外，还蕴含了"限制另一词"的意义，更为注重的是语言具体的运作过程。由此可见，"修饰"与"modify"的含义是不对等的，把"modify"翻译为"修饰"显然没有达意。而这一不对等的译文很可能引起的后果就是容易掩盖或忽视句子创造的具体运作过程。

　　事实上，从最基本的 NP[限定词（determiner）＋名词]组合上看，限定词（冠词）的添加可使该名词的所指变得明晰或确切，起到的作用即对该名词的一种特别的指定（specifying），将其限制（limit）在某一特定的人、物、事。例如，定冠词（the）的使用就是通过"这个"、"那个"的语义添加，来指定已知或唯一存在的某一事物（NP）。从实质上看，形容词与名词、副词与动词的组合与冠词与名词的组合性质是相同的。它们都是通过其自身语义的添加，从而对名词或动词进行更进一步的指定和说明。不仅如此，其他不同语言结构的手段（短语、从句等）与 NP、VP 组合也均具有一样的性质。这些手段与名词的组合可以添加 NP 的性质、形状等相关的信息，与动词的组合可以增添 VP 发生的方式、时间、地点、原因和条件等信息。这一运作实质上也是为了达到扩大 NP 与 VP 的内涵或缩小其外延的目的。

　　考虑到"modify"的内涵和不同语言结构在此运作中的相同性质以及其所涉及的范围，我们认为，把这些与 NP 和 VP 的组合手段统称为"限定手段"（specifying means）更为达意。《朗文当代高级英语辞典》（1998：1472）把"specify"定义为"确切地陈述；充分地描述从而能够选择或命名（to state exactly; describe fully so as to choose or name）"。不难看出，以上的定义不仅具有"指定"（to say what something is）即含有"限制"（limit the meaning）的意义，也含有"描述"的内涵。更为重要的是，它强调了语言具体的运作过程。由此可见，"限定"（specify）与"modify"的含义最为接近。

要"陈述准确"和"描述充分",无疑得通过某种运作手段对句中 NP 与 VP 进行更进一步的指定和说明,也就是引入或借助额外的词、词组或从句与其进行组合。这一组合运作在扩大了 NP 与 VP 内涵的同时,实际上也把其语义限定在某一特定的范围之内以排除外延。上述的各种不同语言结构手段都体现了这种限定的功能。基于此,把与 NP 和 VP 组合的手段统一视为限定手段或限定语无疑更为准确和全面。

我们知道,设计原则的第二层关系是引入额外的限定语与 NP 或 VP 进行的意义组合。这一限定组合可以进一步地说明或指定 NP/VP 或增添其相关的语义,从而扩大其内涵。从这个意义上看,扩大 NP 或 VP 的内涵实质上也是对 NP 或 VP 的有限内涵进行补充或补足。

2.3.4 限定语与补足语

基于限定语与 NP 和 VP 的组合是对其内涵的一种补充或补足,我们自然会联想到语法中的补足语(complement)。

补足语在语法书上称作主语补足语(也称表语)或宾语补足语。在《朗文当代高级英语辞典》(1998:297)中,补足语的诠释是:

(语法中的)补语[跟在动词之后,用来描述该动词主语的词或词组(特别是名词或形容词)][(in grammar) a word or phrase (esp. a noun or adjective) that follows a verb and describes the subject of the verb]。

可以看出,所谓跟在动词之后、用来描述该动词主语的词或词组事实上是 VP 的一个必要的组成部分。这是因为这类动词本身的"谓述"不足,需要有其他成分的补足才能构成语义完整的 VP。

实际上,并非所有的动词都有这样的要求,如不及物动词。最常见的需要补足语的一类动词为系动词 be。其与跟在它之后的词、词组或从句构成了一个组合单位,语法上称为系表结构(VC)。无论从形式还是从语义上看,这些词、词组以及从句均是补足系动词"谓述"不足的成分。只有通过这一组合或者说通过这些不同语言结构的补足语的补充,该类 VP 的语义才是完整的(参见本章例7)。因此,与其说是主语补足语,倒不如说是动词的补足语。另一类需要补足语的动词是上文已谈及了的有了宾语之后其语义仍然不足的及物动词,它也需要有更进一步的补足才能构成语义完整的动词短语,如 VP=VOC(参见本章例9)。

尽管补足语与限定语都具有"补充""补足"的语法功能,但它们是有显著区别的。

例 18

(a) My father was a student.
　　　　　　S　V　　C

(b) My father was a foreign student, born and raised in a small village in Kenya.
　　　　　　S　V　　C′　　C　　　　C′
　　　　　　　　　　(Adj.)　　　　　(Past P. P)

(奥巴马,2011:2)

例 18(a)基于 SVC 句式,其中 C(a student)为动词 be 的补足语。其与 be 的组合构成了语义完整的 VP。很明显,补足语 C 在句中是不可或缺的。例 18(b)基于同样句式,但增添了一形容词(foreign)和一过去分词短语(born and raised…)的限定语对句中的补足语 C(a student)进行进一步说明或指定,从而使其内涵扩大或外延缩小。同样明显的是,句中所引入的两个限定语则并非不可或缺。

例 19

　　　　C″　　　　S　V　C
In a little while he fell asleep.

不一会儿他就睡着了。

（张道真,2002:385）

例 19 基于句式 SVC。其中形容词 asleep 为系动词 V(fell)的补足语 C。两者的组合(VC)构成了语义完整的 VP。也就是说,缺了 C,句中的谓述就不完整。而被引入用来描述该 VP 的限定语 C″(in a little while)则并不是非有不可。去除了它,句子的语义仍然完整。

例 20

　　　　S　V　O　　　　C
(a) I found her in better spirits.

我发现她情绪好些了。

　　　　S　V　O　　　C　　　　　　C″
(b) I found her in better spirits when we met again.

再次见面时我发现她情绪好些了。

（张道真,2002:370）

不难看出,例 20 基于句式 SVOC。其中,例 20(a)中的补足语 C 为一介词短语(in better spirits)。它是 VP(VOC)的一个不可少的组成部分。缺少了这一补足成分,VP 所要表达的语义就不完整或不是所欲表达的意思。例 20(b)是基于例 20(a)之上的创造,句中添加了一个由 when 引导的限定语从句。其作用是限定句中的 VP(found her in better spirits),增添了 VP 发生时相关的"时间"语义。尽管这一限定组合运作缩小了 VP 的外延,但也并非不可或缺。

由此可见,补足语 C 与限定语 C′/C″的区别在于:补足语 C 是 VP 的一个不可或缺的组成部分,其作用在于"补足"句子谓述的不足。而限定语则并非不可或缺,其功能在于补充 NP 与 VP 额外的相关语义,从而能使其有限的内涵得以扩大,外延得以缩小。

在区分了补足语和限定语的差异之后,我们再回到它们的共同点上。从上文的讨论中我们知道,能够充当限定语的主要有形容词(词组)、副词(短语)、名词(词组)、介词短语、分词短语、不定式、从句等不同的语言结构。而这些不同的语言结构也正是补足语的表现结构形式。换言之,限定语与补足语所使用的是相同的语言结构。基于此,在语言设计原则[S＝(nC')NP＋(nC'')VP]以及上述的例句中,我们均采用了补足语(complement)的首个字母 C 作为限定语的符号;但为了区别,我们把限定名词的手段设定为 C',限定动词的手段设定为 C''。

通过以上对语言设计原则的两层关系组合运作以及运作手段等的分析和讨论,我们对语言的整体运作过程有着以下认知:语言的运作过程始终围绕着其基本结构或基本句式,即围绕着 NP 与 VP 的意义组合过程。每种语言均存在着 NP 与 VP 组合的约定俗成的规约,这些不同的组合规约是不同语言在 NP 与 VP 组合时所呈现的具体运作方式或语法"参数"。在此运作过程中,人们可以自由地使用限定手段即 C'/C'' 与 NP 或 VP 进行限定组合,从而扩大其有限的内涵或缩小其外延。换言之,人们可以通过"引入"限定语的自由递归使用以添加与 NP 和 VP 相关的语义,使其得到充分、确切或生动的表达。基于此,我们可以得出以下结论:

> 语言的运作过程是 NP 与 VP 的意义组合过程,在此过程中,人们可以使用限定手段对 NP 或 VP 进行自由的限定。
>
> The language operating process is the one of meaning combinations of NP and VP, in which specifying means can be used freely to modify NP or VP.

2.4 创造性运作规律:结构性与限定性递归运作

在第一章我们没有将"语言设计原则"视为"高度概括,极为简单明了且又极具生成能力的普遍规则",主要是因为该设计原则还没有揭示出第一层关系即语言基本结构及其句式成分本身所具有的递归性特征。以往有关这一基本结构或句式的研究大都基于语法的角度,探讨的是基本句式的"转换"和"扩大"。基本句式的"转换"可以生成疑问句、否定句和被动句等,其"扩大"的语法手段是"分句的并列"和"增加修饰成分和使用从属分句(章振邦,1999:25)"。事实上,这些研究还不全面,缺失了语言创造性运作的重要一面,并没有揭示出其运作的规则与实质。

2.4.1 结构性递归运作

我们知道,创造性运作的实质就是"无限组合"或"无限地使用有限的手段",即自由地"重复"或"递归"使用语言单位进行的运作。过往的研究聚集于音、词、词组和句子等不同的语言系列层级,由于每一层级的组合又均有其自身的组合规则,因而,迄今为止我们还没能归纳出语言整体运作机制或规律。上文我们提到了钱冠连关于语言递归性的理论,尽管其提出的"语言结构层次和言语生成中相同结构成分的重复和相套"只是语言创造性运作的方式之一,而"少量的句型生成无限多的句子"也还有深入探讨的余地,但却启发我们探索一个可进一步研究创造性运作规律的途径。

我们以下的研究将基于语言基本结构或句式的层面。五个基本句式源自一个十分简单但语义完整的二元架构 NP＋VP(表述对象＋对表述对象的表述)。由于语言普遍存在着两大类三种动词,即系动词、及物动词和不及物动词,因而,VP 语义完整的组合形式有五个,即 VC、V、VO、VOO 和 VOC。换言之,NP＋VP 是句子运作的基本结构,五个基本句式是 NP＋VP 架构在句子生成中"固定的"表述结构形式。然而,这"固定的"结构形式实际上并不是铁板一块,也可以有所变化。这一变化的因素之一就是基于该结构之上进行的"无限组合",即体现创造性实质的递归运作。

2.4.1.1 Sent.→n(NP＋VP)或 n$Sent$.

例 21

The waitress was white, and the counter was white, and the
　　　　Sent.1　　　　　　　　　Sent.2
ice cream I never ate in Washington D.C. that summer I left childhood
　　　　　　　　　　　　　Sent.3
was white, and the white heat and the white pavement and the
　　　　　　　　　　　　　Sent.4
white stone monuments of my first Washington summer made me sick to my stomach for the whole rest of that trip and it wasn't much of a graduation present after all.
　　　　Sent.5

(何兆熊,2008:3)

"连接"(conjoining)被视为体现递归性特征的语言现象之一。它指的是一个小句与其他小句连接或并联的组合过程。通过这种方式组合成的句子通常被称为并列句。例 21 是个较为特殊的并列句。与常见的一个连接词连接两个小句的并列组合不同,它是通过四个连接词把五个小句并联组合在一起的句子。从创造性视角上看,这五个小句的并联组合就是小句被"重复使用",或者说是句子基本结构或句式被"递归"组合的语言现象。我们可以用公式表示为 Sent.→5(NP+VP)或 5Sent.。从理论上看,这一重复运作的次数或基本句式被"递归"组合的次数是自由的。从实践上看,其数量可以依据表述的需要而定。这是句子生成或语言创造性运作的方式之一。

例 22

<u>The time has come for a president</u> <u>who will be honest about</u>
　　　　　Sent.1　　　　　　　　　　　　　Sent.2
<u>the choices and the challenges</u> *we face*；<u>who will listen and learn</u>
　　　　　Sent.3　　　　　　　　　　　　　Sent.4
<u>from you</u> *even when we disagree*；<u>who won't just tell you</u> *what*
　　Sent.5　　　　　　　　　　　　　　Sent.6
<u>you want hear</u>, to but *what you need to know*.
　　Sent.7　　　　　　　　Sent.8

(奥巴马,2011:22)

例 22 也是个小句被"重复使用"或句子基本结构被"递归"组合的语言现象。但与例 21 通过连接词连接小句的并列句不同,该句子是一个主从复合句,是基于主句之上的创造性运作。从整体上看,主句为 S1(The time has come for a president),其后嵌入或并列了三个由 who 引导的限定从句。这三个从句均是对主句介词短语中的 NP(a president)进行的重复限定,其中还嵌入了另外四个从句。从形式上看,如上文画线分析所示,该句实际上是一个主句和七个从句的并列组合,即 Sent.→8(NP+VP)。可以看出,如有表述必要,句子还可以嵌入更多的从句。也就是说,这种从句的重复使用或基本结构被递归组合的次数也是不受限制的。

例 23

<u>The man saw the dog</u> <u>which bit the girl</u> <u>who was stroking the</u> cat
   Sent.1   Sent.2   Sent.3

<u>which had caught the mouse</u> <u>which had eaten the cheese</u> <u>which</u> ...
       Sent.4   Sent.5 n Sent.

（《朗文语言教学及应用语言学辞典》，2000:388）

例 23 也属于"主从复合句"。它体现了语言递归性的典型特征——"句子的层层相套"，即一个主句(the man saw the dog)与无数个小句并联或基本句式被无限"递归"组合。但与例 22 不同的是，它是无数个限定从句对句中不断派生出的不同名词进行限定，也即上文我们讨论的 SVO n(SV)[参见第一章例(6)]。从创造性的角度上看，这种引入 n 个从句进入句子的运作体现了句子的基本结构可以被无限地"递归"使用。换言之，一个句子可以由 n 个小句并列构成，即 Sent.→n(NP+VP)或 n Sent.。

上述语言现象表明：英语基本结构本身的"递归"或"重复使用"的次数是自由的、不受限制的，即基本结构可以被"无限组合"。这一创造性运作有三种方式：(1)通过连接词把 n 个小句并联起来。(2)通过嵌入 n 个限定从句对同一名词重复限定。(3)通过嵌入 n 个限定从句对句中不同名词递进式限定。虽然这三种小句(主句)与小句之间组合的创造运作方式有所不同，但都是基本结构的"递归"组合或"重复"运作。

2.4.1.2 Sent.→n_1NP+n_2VP

例 24

                                  NP
<u>The white heat</u> and <u>the white pavement</u> and <u>the white stone</u>
   (NP1   NP2

              VP
monuments of my first Washington summer made me sick to my
 NP3)
stomach for the whole rest of that trip.

（何兆熊,2008:3）

  这个句子是例 21 中并联的小句之一。可以看出,该例的 NP 是三个名词(the heat、the pavement、the monuments)并联的递归组合,即 $n1=3$,而 VP(made me sick)只有一个,即 $n2=1$。该句子的表层结构形式可表示为 Sent.→3NP+VP。显然,句中的表述对象再并联上更多的名词也是可以的,也就是说其递归的次数也是自由的。

例 25

  NP VP
 Soames walked out of the garden door, crossed the lawn,
     （VP1   VP2
stood on the path above the river, turned round and walked back
  VP3   VP4   VP5)
to the garden door, without having realized that he had moved.

［李观仪,2003(8):180］

  与例 24 不同的是,例 25 中的 NP(Soames)只有一个,即 $n1=1$,而 VP 则由五个动词词组并列或重复组合而成,即 $n2=5$。其表层结构形式可表示为 Sent.→NP+5VP。可以看出,如有必要,对表述对象的表述也可以并列更多的动词词组。也就是说,其递归的数量可以依据不同表述的需要而定,同样是不受限制的。

例 26

              NP
 Straight-backed and indignant, one by one, my family and I
            （NP1 NP2)

VP
　got down from the counter stools and turned around and marched out
　（VP1）　　　　　　　　　　　　　VP2　　　　　　VP3）
of the store, quiet and outraged.

（何兆熊,2008:3）

　　例 26 中的 NP 是由一名词和一代词并联构成,即 $n1=2$,而对表述对象的表述则由三个 VP 并联,即 $n2=3$。该句的表层结构形式可表示为 Sent.→2NP+3VP。

　　一般来说,一个句子通常是该表述对象和对该表述对象的表述的组合,即 NP+VP。但上述语言现象表明:一个句子也可以由多个 NP 与一个 VP,或一个 NP 与多个 VP,甚至多个 NP 与多个 VP 并联组合,即基本结构成分递归组合或重复使用。毋庸置疑,这一递归组合运作也是出于表述的需要。从理论上看,基本结构成分递归次数同样是自由的,用公式可表示为 Sent.→$n1$NP+$n2$VP。这表明语言递归性同样体现在 NP 与 VP 各自的组合之上。

　　从句子基本结构及其成分层面上看是如此。事实上,五个基本句式的成分也具有递归性。

2.4.1.3　Sent.→SVnC;SnV;SVnO;SVOnO;SVOnC

1. SVnC

例 27

　　　S　　V　　　C1　　　　　C2　　　　　C3
　　She was brilliant, single-minded, a legend.
　　　　　（形容词）　　（分词）　　　（名词）

（何兆熊,2008:65）

　　例 27 基于句式 SVC,其中句式成分 C 由三个不同词类的词并列或递归组合构成,即 SV3C。换言之,句式成分 C 被重复使用了两次。可以看出,尽管成分 C 的递归组合运作改变了句子的表层结构,但其整体的框架结构仍在起着核心作用。

2. SnV(参见例 25)

3. SVnO

例 28

S　　V　　　　　　　　O1　　　　　O2
The church contains in full the kindness and cruelty, the
　　　O3　　　　　　　　O4　　　　　　　O5
fierce intelligence and the shocking ignorance, the struggles and
O6　　　O7　　　　　O8　　　　O9
successes, the love and yes, the bitterness and bias that make up the black experience in America.

(奥巴马,2011:42)

例 28 基于句式 SVO。其中句子成分 O 或宾语是九个名词短语的并联组合,即 SV9O。

4. SVOnO

例 29

　　　　　　　　　S　　　V　　O
…, but my mother reminded me for the umpteenth time that
　　　　　　　　　　　　O1
dining car food always cost too much money and besides you never
　　　　　　　　　　　　O2
could tell whose hands had been playing all over that food, nor where those same hands had been just before.

(何兆熊,2008:2)

例 29 基于 SVOO 句式。该句子的成分 O 由两个并联的宾语从句构成,即 SVO2O。

5. SVO*n*C

例 30

When we send our young men and women into harm's way, we have a solemn obligation not to fudge the numbers or shade the truth about why they are going, to care for their families while they're gone, to tend to the soldiers upon their return, and to never ever go to war without enough troops to win the war, secure the peace, and earn the respect of the world.

（S标在we上；V在have，O在a solemn obligation，C1=not to fudge the numbers or shade the truth about why they are going，C2=to care for their families while they're gone，C3=to tend to the soldiers upon their return，C4=to never ever go to war without enough troops to win the war, secure the peace, and earn the respect of the world）

（奥巴马，2011：10）

例30基于SVOC。其中句子成分C或宾语补足语是五个并联的不定式的组合，即SVO5C。当然，如有表述需要，重复使用更多的不定式也是可行的。由此可见，基本句式成分的递归或重复使用的次数完全可以根据表述的需要而定，也是不受限制的。

以上所列举的语言现象均为涉及句子基本结构及其成分的递归组合运作。我们可把这一运作称为"结构性"创造运作。其运作过程并不复杂，体现于句子基本结构本身及其成分均可以通过并联或从属(限定)等方式进行无限的递归组合。这就意味着语言使用者在进行表述时，在重复使用多少个基本结构或成分的情况下具有无限的选择空间。应该指出的是，结构性的递归运作手段并不仅仅局限于"分句的并列"或"使用从属分句"，它还涉及了词和短语等不同的语言结构。由于这些手段具有各自不同的语法功能，因而在句子生成中还须遵守其组合的规约。我们可把其运作规则归纳如下：

Sent.→n(NP+VP)或 nSent.；

Sent.→nNP+nVP；

Sent.→SVnC；SnV；SVnO；SVOnO；SVOnC。

以上创造性运作公式直观地表明：句子基本结构本身、其成分和基本句式成分均具有递归性。结构性递归运作规则揭示了一个重要事实：原本固定的基本结构或句式及其成分均具有开放性。其开放性为语言使用者提供了框架结构上进行无限创造的可能性。

2.4.2 限定性递归运作

然而，结构性递归运作还不是句子或语言创造性运作的全面图景。其运作的另一重要方式，也即导致固定的表述结构形式产生变化的又一因素，是上文已有过一些探讨的"引入"限定语对句式成分 NP/VP 进行描述的组合运作。这一创造性运作与奥托·叶斯柏森在"自由用语"中"要嵌进适合这一特定情景的词"的"重新创造"的观点和爱德华·萨丕尔在句子生成中可以随意"加上修饰成分，因而引起各种各样的复杂命题"的观点有着类似之处。然而，叶氏与萨氏均没有从基本句式以及体现创造性实质的语言"递归"现象上进行全面的探讨，因而，该运作的手段、规律及意义还尚待进一步探寻。我们知道，"嵌进"限定语对 NP/VP 进行进一步的说明、指定或限定，目的在于扩大其有限的内涵或缩小外延，且其限定的重复运作的次数也是自由的、不受限制的。这是基于语言设计原则第二层关系进行的"无限组合"。我们可把这一运作称为"限定性"递归运作。

2.4.2.1 限定语对 NP 的递归限定:nC′NP

例 31

$$\underset{\text{（形容词）}}{\underset{C'1}{\text{A really beautiful}}} \underset{\text{（形）}}{\underset{C'2}{\text{pale}}} \underset{\text{（形）}}{\underset{C'3}{\text{pink}}} \underset{S}{\text{sunset}} \underset{V}{\text{filled}} \underset{O}{\text{the sky.}}$$

（章振邦,1999:421）

例 31 基于 SVO 句式,主要聚焦于对表述对象（a sunset）的"补足"或限定描述。句中"引入"或"嵌进"了多个相同的语言结构即三个相同词类（形容词）的限定语（前置）来进一步说明或描述该表述对象,使其内涵扩大。这一重复说明或描述就是限定语对表述对象的"递归"组合运作。很明显,该运作使表述对象得到了更为充分和生动的表述。我们可用公式表示为 3C′SVO。当然,如有必要,再加上更多的限定语也是可行的、自由的。

例 32

$$\underset{\text{}}{\text{the}} \underset{\text{（所有格）}}{\underset{C'1}{\text{man's}}} \underset{\text{（序数词）}}{\underset{C'2}{\text{first}}} \underset{\text{（数词）}}{\underset{C'3}{\text{two}}} \underset{\text{（形容词）}}{\underset{C'4}{\text{interesting}}} \underset{\text{（形）}}{\underset{C'5}{\text{little}}} \underset{\text{（形）}}{\underset{C'6}{\text{red}}} \underset{\text{（形）}}{\underset{C'7}{\text{French}}}$$

$$\underset{\text{（名词）}}{\underset{C'8}{\text{oil}}} \underset{}{\underset{NP}{\text{paintings}}}$$

（章振邦,1999:418）

例 32 只是一个被重复限定了的名词词组 NP。其中"递归"使用了八个前置限定语对该 NP（the paintings）进行进一步的描述,即 8C′NP。其中既有相同的词类如形容词等表示主观看法的词,也有不同词类如所有格、数词、名词等表示客观事实的词。通过这一主、客观的重复限定或补足表述,该油画得到了十分具体的说明和指定,使其外延缩小。

例 33

        S   C′1   C′2
The man who registered as a graduate student, of medium
                  （从句）   （介词短语）

          C′3   C′4
height, wearing gold-rimmed spectacles, with a scar on the cheek
      （现在分词短语）   （介词短语）

V   O
left school without explanation.

（梅德明，2008:6）

例 33 也基于 SVO 句式。句中"引入"了四个后置限定语以"递归"限定表述对象 S，用公式可以表示为 4C′SVO。与前两例递归限定表示单个概念的词不同，该例所使用的限定语为表示概念群的从句和词组。它们中既有不同语言结构如从句（who registered…）和现在分词短语（wearing gold-rimmed spectacles）的并联，也有相同语言结构即两个短语结构（of medium height、with a scar on the cheek）的并列。由此可见，限定性递归运作也可以是不同语言结构的重复组合。需要指出的是，四个限定语中衍生出的名词（a student、height、spectacles、a scar）也分别受到了进一步的限定（graduate、medium、gold-rimmed、on the cheek）。这一语言现象表明对 NP 的限定并不局限于表述对象，它还适用于句子生成中可能出现或派生出的任何名词。显然，例句中通过这一递归补足运作，"the man"的身份、身高、外貌特征等都得到了客观、具体的描述。

例 34

         C′1   C′2   S   C′3   V
The first and most important thing you need to accept is
    （序数词） （形容词）   （从句）

     C
that the act of forgiveness is not going to be easy.

（秦秀白,2008:5）

  例 34 基于句式 SVC。句中使用三个限定语重复限定了表述对象 S(the thing)。其中序数词(first)、形容词(most important)前置并联,一个从句(you need to accept)后置于所限定的 S 或 NP,即 3C′SVC。该例表明限定语的限定位置是灵活的,既可以前置,也可以后置,甚至可以前后置并举。一般来说,表示单个概念的词通常要前置,表示概念群的词组和从句要后置于所限定的 NP。可以看出,这一递归限定运作使 the thing 得到了确切的表达。

  从以上语言现象可以概括出:(1)限定语的结构形式涵盖了词、词组和从句等语言系列的不同层级。(2)它们的递归组合既可以是相同的词类,也可以是不同的词类,既可以是相同的语言结构,也可以是不同的语言结构,甚至还可以是相同和不同的语言结构混搭的并联组合。(3)限定语的位置灵活。(4)限定语对 NP 的限定并不仅限于表述对象,它实际上还涵盖了句子在创造中可能衍生出的任何 NP。最为重要的是,限定语对 NP 的递归(重复)限定是自由的不受限制的。换言之,限定语对 NP 的限定可以是个无限的循环,具有无限递归性。无止境长句[参见本章例(23)]的创造就是一个十分典型的例子。这就意味着限定性递归运作为 NP 充分、准确和生动的表述提供了无限的空间。

2.4.2.2 限定语对 VP 的递归限定:nC″VP

例 35

    C″1   C″2
Being very short of money and wanting to do something useful,
 （现在分词短语）   （现在分词短语）

```
  S   V       C″3
  I applied, fearing, as I did so, that without a degree and with no
                   (现在分词短语)
experience of teaching my chances of landing the job were slim.
```

[李观仪, 2015:3]

例 35 基于句式 SV。句中使用了三个限定语递归限定对表述对象的表述 VP（applied）。这三个限定语都是相同的语言结构——现在分词短语。其中两个并联的现在分词短语（being very short、wanting…）前置，一个现在分词短语（fearing…that…）后置，用公式可表示为 S3C″VP。当然，如有必要，句子还是可以再加上更多的限定语，也就是说，这一递归运作同样是不受限制的。值得注意的是，后置的现在分词短语（fearing…that…）本身还被一个嵌入的从句（as I did so）所限定；而 that 引导的宾语从句中，还插入了两个介词短语（without a degree 和 with no experience…）来限定该从句中衍生出的 VP（were slim）。这表明对 VP 的限定也不仅仅局限于句中对表述对象的表述，也可以是句子生成中所衍生出的新的 VP，其中甚至还包括含有动词属性的短语。而这一补足运作显然很有必要，它使"我"申请那份工作的具体原因以及自己的担心得到了充分确切的表达。

例 36

```
  S   V    C″1    C″2        C″3                    C″4
  I stand here  today  humbled by the task before us, grateful for
             (副词)(名词)    (过去分词短语)
                                               C″5
the trust you have bestowed,  mindful of the sacrifices borne by
        (形容词短语)                    (形容词短语)
our an-cestors.
```

(奥巴马, 2011:284)

这一同样基于 SV 句式的句子使用了五个并列的后置限定语重复限定 VP(stand)，用公式可表示为 S5C″VP。限定语中既有相同语言结构如形容词短语（grateful for…、mindful of…），也有不同的语言结构如副词（here）、名词（today）和过去分词短语（humbled by…）等。这表明对 VP 进行递归限定的手段也不只限于相同的语言结构，而也可以是不同语言结构或异同结构并列组合。可以看出，通过这一相同与不同语言结构的递归运作，"我"站立的地点、时间和心情等得到了"补足"，也即 VP 得到了准确和细致的表述。

例 35 与例 36 均基于 SV 句式，都是限定语对 VP 的重复或递归限定。这一限定性递归运作同样是自由的、不受限制的，也具有无限递归性。而在语言实践中，这一"无限组合"的运作则体现了不同表述的需要。与限定 NP 一样，引入的限定语也涵盖了词、词组、小句等语言结构形式。事实上，两者所使用的限定手段基本上是相同的。限定语的位置可以前置也可以后置于其所限定的 VP。$nC″VP$ 规则也适用于句中所派生出的任何动词，甚至还包括具有动词属性的短语。这就为限定语对 VP 的说明或指定提供了无限的空间。

以上例析表明，限定性递归运作也具有无限递归性，即 $nC'NP/nC″VP$ 或 $nC'NP + nC″VP$。该运作公式揭示了其十分简单的运作过程，即可引入或添加限定语对 NP/VP 进行表述。从严格意义上看，只要引入了任何限定语对 NP/VP 进行限定就是语言的创造，但最能体现创造性运作的是对 NP/VP 的递归限定。需要注意的是，在句子生成或语言创造中，限定 NP/VP 的运作并不截然分开。更多的情况是，在对 VP 进行限定时，可能同时出现对 NP 的限定，反之亦然。该运作规则还适用于句子创造中衍生出的任何名词与动词,使任何可能引起歧义或需要说明的名词或动词均可得到更进一步限定。这就意味着任何复杂的思想均可得到充分、具体和确切的表述。公式中 C'/C'' 涉及了多个语言系列层级,但其结构形式或手段却很有限:形容词(短语)、副词(短语)、名词短语、现在分词短语、过去分词短语、介词短语、不定式和从句。尽管这些结构形式是有限的,但均有其各自独特的语法功能,通过其"无限组合"完全足以对任何 NP/VP 进行充分、确切的表述。

由此可见,基于语言基本结构或句式之上的创造性运作分为两个层面——结构性递归运作与限定性递归运作。结构性递归运作,即自由地并联基本句式本身或其成分的运作,使原本固定的基本句式成为了开放性的框架,为句子的生成提供了框架结构上进行无限创造的可能性。限定性递归运作,即不受限制地重复使用有限的限定手段对 NP/VP 进行限定,使限定语对任何 NP/VP 的限定具有无限循环性,为语言使用者扩大其内涵或缩小外延提供了无限的空间。其中还有一个需要考虑的因素是限定语本身,即其自身结构是否也具有无限递归性。

2.4.3 限定语的递归性体现

限定语可以对任何 NP/NP 进行不受限制的限定,即 $nC'\text{NP}/nC''\text{VP}$,那么,限定语本身也应具有无限递归性。要验证这一点很简单,我们只需证明其构成结构中是否含有或可否衍生出 NP 和 VP 或是否含有具有名词和动词属性的语言结构。

我们来观察一下限定语的构成结构:

形容词短语→形容词　　　Adj. P→Adj. (Prep. P) (Clause)
(介词短语)(从句)　　　　　　　　(Prep.＋NP)(NP＋VP)

副词短语→副词（副词）　　　Adv.→Adv.（Adv.）
名词短语→(限定词)名词　　　NP→(Det.) Noun
现分短语→现在分词(补语)　Pres. P. P→Ving (C)（O、OO、OC）
　　　　　　　　　　　　　　　　　　（NP、Adj. P）
过分短语→过去分词
（介词短语）(从句)　　　　　Past. P. P→Ved (Prep. P)（Clause）
介词短语→介词＋名词　　　Prep. P→Prep.＋NP
不定式→to＋动词短语　　　Inf. P→to＋VP (C)（O、OO、OC）
从句→名词短语＋动词短语　Clause→NP＋VP

可以看出，有的限定短语本身就是 NP，如名词短语；有的必定会衍生出新的名词，如介词短语(介词＋名词)和从句(名词词组＋动词词组)；有的短语结构本身就含有 VP，如不定式和从句中的 VP；有的则具有 VP 属性的结构，如现在分词短语；有的可以衍生出新的 NP 或 VP，如形容词短语(形容词＋介词短语或从句)、过去分词短语(过去分词＋介词短语)和从句等。由此可见，在限定语的构成结构中，除副词外，均有或可派生出新的 NP 或 VP，也可以通过其自身含有或衍生出的任何 NP 或 VP 进入无限循环的组合之中。

例 37

　　　　S　V　　O　　　C　　　　C′1　　　　C′2
　　　　He put the book on the desk near the shelf by the window
　　C′3　　　　C′4　　　　C′5
of the room in the hall of the building…

例 37 基于句式 SVOC，也是常被引用的一个无止境长句。该无止境长句也"递归"使用了无数个相同语言结构的限定手段——介词短语（prepositional phrase）。可以看出，该无止境句子始于一限定语（near the shelf）对句式成分 C（on the desk）中名词的限定，从而引出无数个相同短语结构的限定语对其自身不断派生出的新名词进行递进式的限定。这一点与另一无限递归使用从句的典型无穷尽句子相同,它们都是通过限定语本身所衍生出的名词而进入无限循环的限定组合。

例38

$$\underset{S}{\text{The question about phone stores}} \underset{V}{\text{ was }} \underset{C}{\text{an example}} \underset{C'1}{\text{of what}}$$

$$\underset{}{\text{scientists call a Fermi problem}}, \underset{C'2}{\text{named after Nobel Prize-winning}}$$

$$\underset{}{\text{scientist Enrico Fermi}}, \underset{C'3}{\text{who used problems such as this to teach}}$$

his students how to think for themselves.

[何兆熊,2008:116]

例38基于句式SVC。此句主要聚焦于对句式成分C(an example)的递归限定。与前例使用相同的语言结构的限定手段不同,该部分使用了三个不同的语言结构的限定手段。首先被使用的限定语是一介词短语(of what scientists call…),其中衍生出了一个NP(a Fermi problem)。该NP随后又被一过去分词短语(named after…)进一步限定,进而又派生出一专有名词(Enrico Fermi)。而这一专有名词接着又被一从句(who used…)更进一步地限定,从而又衍生出一反身代词"themselves"。可以看出,通过第一个限定语的限定,"例子"事实上已经得到了指定,但对这一指定中带有人名的"问题"显然有必要进行进一步的说明才能使其语义充分和明确。也就是说,需要对限定语中的专有名词进行更多的说明,即要添加与该人密切相关的信息,从而使该例子得到更加充分和准确的表达。很明显,这一运作也是对限定语本身引出的名词进行的递进式限定。从理论上看,这种对限定语中派生出的名词的递进限定也是可以不断地持续下去,是不受限制的。而在话语实践中这一递归运作则可依据不同表达的需要,是自由的。

由此可见,限定语中含有或可衍生出 NP/VP 的短语结构也具有无限的循环性或递归性。而表示单个概念的形容词和副词又是如何呢?根据生成语法,从理论上看,语言递归性"使我们可以用数量无限的形容词修饰名词,也可以用无数次重复的程度副词修饰另一个副词"(梅德明,2008:71)。换言之,形容词和程度副词也具有无限递归性。关于这一点我们上文也有过探讨,以下我们仅举两个副词被递归运作的例子。

例 39

        S   V
Sally <u>very</u>, <u>very</u>, <u>very</u> carefully spoke.

(梅德明,2008:71)

可以看出,例 39 使用了三个相同的副词(very)递归限定了另一副词(carefully),从而形成了一个扩大了内涵的副词组合对句中的 VP(spoke)进行限定。其所添加的语义强调了 Sally 说话的谨慎程度。

例 40

        V
<u>Never</u> give in, <u>never</u>, <u>never</u>, <u>never</u>, <u>never</u>.

[何兆熊,2013:2]

例 40 是英国前首相丘吉尔 1941 年在哈罗学校发表的著名演说中的名句,是一个祈使句。句中递归使用了五个相同的副词 never,其中一个前置,四个后置于所限定的 VP(give in)。可以看出,句中只要使用一个 never 就可以表达出作者所要表达的完整意思,但在二战的语境下,作者使用五个同样的副词并没有让人感觉突兀,反而让人感到自然和反抗法西斯的坚定决心。这一语言现象表明人们同样可以根据不同表述的需要自由地递归使用副词于对 VP 的限定之中。

以上两个小节所剖析的语言现象从形式上证明了递归性同样也体现在语言设计原则的第二层关系上。也就是说，限定语对 NP 与 VP 的限定都具有无限循环性。有意义的是，"限定性"运作规则，即 $nC'NP/nC''VP$，同时还适用于句子创造运作中可能出现的任何名词与动词，其中包括了限定语本身中的 NP 和 VP。

总之，语言设计原则的两层关系均具有无限的递归性，具体体现在其结构性递归运作和限定性递归运作。结构性递归运作指的是可以不受限制地并联语言基本结构及其成分的递归组合运作。它使原本固定的语言基本结构或五个基本句式成为了开放性的句型。这就为句子的生成提供了框架结构上进行无限创造的可能性，即可使任何复杂思想都有足够的表述结构空间。限定性递归运作指的是限定语对 NP/VP 的递归组合运作，这一运作使限定语对 NP 或 VP 的限定具有无限循环性或开放性。这就为句子创造过程中对任何名词或动词进行的描述、说明或指定提供了无限的限定运作空间，使任何复杂的思想都可以得到充分、确切或生动的表述。两个层面的递归运作构成了全面的语言创造性运作。

2.5　创造性运作规则与语法

尽管创造性运作即结构性与限定性递归运作大大地改变了句子表层结构的形式，使其具体形态千姿百态，但它们均是可理解的句子或话语。既然都是可理解的话语，那它们就一定有其可以相互理解的运作形式和组合规则。

2.5.1 基本结构与自由的递归运作

语言基本结构(NP+VP)或句式(SVC、SV、SVO、SVOO、SVOC)是人们在进行交际时"固定的"表述形式。这些确定的架构组合形式及其规约决定着语言对人的影响,决定着其在语言运作或句子生成中的作用。我们知道,事实上,完全基于基本结构或句式成分之上的表述构成了人们日常交际中的一个部分,或者说是无限句子中的一个组成部分。但由于其表述结构空间毕竟有限,并不足以描述纷繁复杂的大千世界或表达复杂的思想。突破这一局限的,或人对语言基本结构的"反作用"就是人的"自由创造"。在确定了的句子形式的基础上,语言还"允许讲话者自由地构筑具体的句子和言语"(洪堡特,2008:87)。我们上文所揭示的结构性与限定性递归运作规则就是人们"自由地构筑言语"的方式。这些创造性方式"反作用"于"固定的"的句式,使其结构表述空间可以无限扩大。尽管结构性与限定性递归运作可以大大改变句子的表层结构,使句子变得怪异、冗长和复杂,但这些句子或言语均是可理解的。它们之所以可理解,是因为这一自由创造活动的范围是确定的,即在固定的语言基本结构的框架之内的运作。从结构性递归运作层面上看,无论是基本结构层面 Sent.→n(NP+VP)或 nSent.,还是结构成分 Sent.→nNP+nVP,或句式成分层面 Sent.→SVnC;SnV;SVnO;SVOnO;SVOnC 的"自由构筑"都没有动摇其整体架构。从限定性递归运作的层面上看,尽管 NP/VP 的限定语的数量是自由的,其在句中可前置、后置甚至插在所限定的 NP/VP 之中,但其运作的范围也是确定的,均有其明显的界限。无论句中引入了多少个限定语进行限定运作,其运作总是围绕着 NP 或 VP,并没有超出其限定的范围,表述对象 NP 和对表述对象的表述 VP 的地位也始终没有改变,即 $nC'\text{NP}/nC''\text{VP}$。只是人们的自由创造形式和风格各自不同,往往把语言基本结构给掩盖了。也就是说,语言基本结构或句式架构始终潜在于各式各样的自由构筑的言语或句子的形态之中,发挥着句子的整体框架作用。这就意味着所有的递归运作都可以被置于语言基本结构或句式的框架之内得到形式上的分析与诠释,从而形成人们获得相互理解的形式依据。这种改变了句子的表层结构但又不破坏其整体架构的运作是语言基本结构与创造性运作之间相互作用的结果。换言之,结构性与限定性递归运作是语言基本结构的作用与自由创造的反作用之间取得平衡协调的结果。

使"自由构筑的句子或言语"具有可理解性的另一因素是语言的组合规约。各种语言均有其各自约定俗成的组合规约或语法,这也是在交际时人们获得相互理解的又一不可或缺的形式依据。

2.5.2 自由递归运作与语法

例 41

  S V $C''1$ $C''2$
We should live each day with a gentleness, a vigor, and a keen-ness of appreciation which are often lost when time stretches
        $C'(S\ \ V\ \ C''\ \ C)$ $C''\ (S\ \ V$
before us in the constant panorama of more days and months and
$C'')$
years to come.

[秦秀白,2007:32-33]

例 41 是个基于 SV 句式的句子,但句子的表层结构实际上并不简单。这是限定性递归运作反作用于语言基本结构所引起的结果。但与结构性递归运作不同,这一运作是添加额外的限定手段对 NP 或 VP 进行说明或指定而引起的句子表层结构的复杂变化。句子的框架原本很简单,主要聚焦于对动词短语 VP(should live)的限定。句中所使用的限定语只有两个,即一个名词短语和一个介词短语。问题在于在该介词短语中还嵌入了一个限定语从句(which are lost)对介词短语中三个名词进行更进一步的限定,而其中衍生出的 VP(are lost)又被副词 often 和另一从句(when time stretches…)所限定。这就使句中的短语中有从句,从句中又插有另一从句,而从句中的 VP 又受到其他限定语的限定。尽管如此,该句子仍是可被接受和可理解的话语。不难看出,这些限定性递归运作没有动摇句子整体的架构,且每个限定语均有其明显的界限,发挥着其各自不同的语法功能。例如,句中起状语作用的名词短语(each day)指定了 VP 发生的时限,起同样作用的介词短语(with a gentleness…)说明了 VP 发生的方式。同样可以看出,句中插入的限定语从句中的动词形式与句子谓语的时态保持了一致。动词 should live 的形式服从了"情态动词后跟动词原形"的规约,which are lost、time stretches 在形式上也遵循了主谓一致的组合规则。这些语言现象表明约定俗成的语法规则始终在影响或制约着句子的自由创造。而自由创造的"反作用"则将语法规则延扩或应用到了递归运作上。由于语法是约定俗成的组合规约,构成了人们获得相互理解的形式依据,"自由创造"遵循了这些形式依据,这就使其运作也有了可理解的可靠理据。

例 42

```
   S  C″1    V    O                          C″2
   I first began to wonder what I was doing on a college campus
```

$\underline{\underset{C''3}{\text{anyway}}} \underset{(S}{\underline{\underset{C''4}{\text{when my parents}}}} \underset{V}{\underline{\text{drove off}}}, \underset{C''}{\underline{\text{leaving me standing pitifully in}}}$
$\underline{\text{a parking lot}}, \underset{C''}{\underline{\text{wanting nothing more than to find my way safely to}}})$
$\underline{\text{my dorm room}}.$

[何兆熊,2013:2]

例42 基于句式 SVO,主要聚焦于对 VP(began to wonder what I was doing)递归限定的运作。使用的限定手段有副词(first、anyway)、介词短语(on a college campus)和从句(when...)等。显而易见,这些递归限定运作扩大了描述 VP 的空间,其中所描述或增添的相关语义使作者所欲表达的情景得到了确切和生动的展示。同样明显的是,这一展示同样受到了语法规则的制约。可以看出,句子所表述的是发生在过去的事,因此,句子中所采用的谓语动词形式为过去时(began、drove off)和过去进行(was doing)的形式,服从了时态相符的语法规则。其中"was doing"形式的选择既遵循了主谓一致的语法规则,又体现了正在发生的动作。随后三个现在分词短语(leaving...、standing...、wanting...)恰到好处地发挥了其表示伴随状态的语法功能。不同语言结构的限定语具有不同的约定的语法功能,例如,现在分词短语可用来表示正在发生的动作,过去分词短语可用来表示被动;不定式可用来表示将来等含义。一方面,采用不同语言结构的限定语要依据其不同的组合形式。另一方面,利用这些可使人们获得相互理解的手段或形式依据进行的递归运作也可视为"自由创造""反作用"于约定俗成的规则。这样,两者的相互作用得到了平衡协调,使自由构筑的句子成为可理解的言语。事实上,尽管限定语的语言结构很有限,但其功能却涵盖了时、体、态等。因此,不同的表述,无论简单还是复杂,总是可以选择到恰当的语言结构形式。

由此可见,自由创造是在句子的结构之内,在遵循约定俗成的规约之上的运作。有了这两个方面的确定的语言形式依据,任何看似怪异、冗长和复杂的句子均可得到形式上的诠释。

2.6 语言普遍原则与语言系统的开放性

结构性和限定性的递归运作从形式上诠释了语言创造性的具体运作规则,使创造性不再是一个抽象的概念:

(a) S→n(NP+VP);

(b) S→nNP+nVP;

(c) S→nC′NP+nC″VP。

公式(a)和(b)体现的是语言设计原则第一层关系的创造性运作规则。公式(a)表明的是基本结构本身可以被"无限递归"的组合运作规则。从理论上看,基本结构本身的递归运作(无限使用限定从句)具有制造无止境句子的潜力。其现实意义在于:人们可以自由地选择使用 n 个语言基本结构或从句来生成有止境的句子。公式(b)揭示的是基本结构成分也可以被自由地"递归"组合。一个句子可以出现 n 个名词并列构成一个语义更为丰富的 NP 组合,可以出现 n 个动词并联构成语义更大的 VP 组合,或可以出现 n 个名词并联与 n 个动词并联的组合形式。这一层面的递归运作规则同样适用于基本句式的成分。也就是说,基本句式成分 C(表语或补语)、O(宾语)等也都可以由 n 个起相同作用的语言要素并联组合构成,即 SVnC、SnV、SVnO、SVOnO、SVOnC。结构性递归运作规则所揭示的事实是:语言基本结构和基本句式均具有开放性。尽管结构性递归运作会改变句子的表层结构，但其整体始终是同一基本架构，即某一被扩大了或并联了的表层结构或成分总是保持着句中原有的位置，或享有原有的语法地位。因此，结构性递归运作具有较强的可预测性，即其形式、语义或功能方面都可在语言基本结构的框架内获得分析和诠释。

公式(c)体现的是语言设计原则第二层关系的创造性运作规则，即限定性递归运作规则。该层面的运作是在语言基本结构之上引入一个新的额外限定成分，即添加限定语对表述对象 NP 或对表述对象的表述 VP 进行自由的限定运作。限定性递归运作揭示的事实是：$nC'VP$ 与 $nC''VP$ 的运作也具有无限的循环性或开放性。有意义的是，这一创造性运作规则还适用于在句子创造中可能衍生出的任何名词和动词，这就意味着句中任何需要加以说明、指定的 NP/VP 都可得到充分、准确的描述。该规则适用面广，限定语在句子运作中的位置又不确定，而语言使用者个体又有各不相同的运作风格，这就导致了语言实践中句子的具体表现形式千变万化。因此，该递归运作不具有可预测性，导致了隐性的句子生成或语言创造性运作。尽管如此，这一隐性的递归限定运作终归是"部分意义"的组合。其所有的运作均没有超出 $nC'NP$ 与 $nC''VP$ 运作的范畴，或者说均是利用限定语对句中任何 NP 或 VP 进行自由限定。基于此，其运作的规律也就显现出来，即语言使用者在句子的创造中可以无限使用有限的限定手段于对 NP 或 VP 的限定之中。

从这一层面上看，很明显，限定语 C'/C'' 就是句子或语言运作中的"有限手段"。尽管限定语涵盖了词、词组和从句等不同语言系列层级，这些词、词组和从句为不同结构形式的限定语构建提供了无比丰富的资源，但其构成的语言结构形式的数量却不超过 10

个(参见 P.110)。这些有限的限定手段均有着各自不同的语法限定功能,完全足以对 NP 与 VP 进行主、客观的说明、指定。最为重要的是,这些有限限定手段可以在句子的创造中被自由地不受限制地重复使用。

毋庸置疑,限定性递归运作在语言创造中是一个十分关键的部分,结构性递归运作是语言创造不可或缺的另一部分。这样,如果我们将公式(b)和(c)代入公式(a),就可得:

(d)S→$n(nC'nNP+nC''nVP)$

公式(d)高度地概括了语言创造性的两个层面的运作,直观地揭示了其运作的开放性。然而,这还不是语言运作的全面图景。语言的全面运作实际上还应包括其基本运作,即没有添加任何限定语或完全依据语言基本结构成分的运作。考虑到这一点,我们可将公式(d)改为:

(e)S→$(n)[(nC')(n)NP+(nC'')(n)VP]$

可以看出,公式(e)只是将公式(d)中体现语言创造性递归运作的 n 和限定语置于括号之内。然而,这一改动概括了语言全面的运作。公式(e)中的 n 是个任意数,表示基本结构及其成分和限定语被递归使用的次数,将限定语置于括号之内表明其在句子生成或创造运作中可以出现或不出现。如果不出现,该公式就只剩下S→NP+VP,体现的是语言的基本运作。而当其出现了,该公式体现的则为语言的创造性运作。由此可见,这是一条涵盖了语言基本运作和创造性运作的整体原则,或者说,它可以被认定为一条高度概括、极为简单明了且极具生成能力的"语言普遍原则"。

语言普遍原则表明:语言的运作,无论是基本运作还是创造性运作,均是围绕着其基本结构之上的组合运作。结构性与限定性递归运作是语言创造性运作的实质。基于此,我们可把语言普遍原则用文字表述为：

> 在语言基本结构及其组合规约的基础上，人们可以自由地并联其基本结构或其成分，无限地使用有限的限定手段于NP/VP的限定组合之中。

语言普遍原则从形式上证明了我们上文所提出的语言简单论假设。要让人人都会使用语言，语言的"设计"就应该是简单的，而事实上正是如此。从整体上看，其基本运作就是基于一个极为简单明了且语义完整的二元基本结构或五个基本句式。掌握了这一基本结构或五个基本句式实际上就掌握了语言运用所需的基本运作。这个基本运作就是NP与VP的组合运作。两者之间建立起的关系为名词词组与动词词组的组合关系。依据系动词和行为动词的分类，实际上人们面对大千世界所有需要表述的并不超出"什么是什么"和"什么怎么样"二大类的描述范围。前者用来对人、物、事做出判断或陈述，后者则用来对人、物、事的动作进行描述。创造性运作也是基于语言基本结构之上的运作。它分为"结构性"与"限定性"递归组合运作两个层面。其运作方式也并不复杂。结构性递归运作指的是在句子生成过程中人们可以自由地递归使用或并联基本结构本身（从句）或其成分以扩大表述空间或增添相关语义。限定性递归运作指人们可以不受限制地使用不同语言结构的限定语对句中任何NP/VP进行限定。这就为"什么是什么"和"什么怎么样"提供了无限的描述空间，使任何复杂、高深的思想或情景都能够得到充分、准确或生动的表述。简单的二元架构、简单的运作构建了人人都会使用的交际工具。这就是语言的本质。

语言普遍原则中没有体现出NP+VP的组合规约，这是因为每种语言均有其各自约定俗成的组合规约或语法"参数"，这些规约并不具有普遍性。然而，各种语言的组合规约或语法"参数"在其运作中却是不可或缺的。它们是句子生成或言语创造的形式依据。它们在实践中总是在制约着句子的生成,同时为语言使用者提供获得相互理解的基础。语言基本运作要遵守其组合规约,创造性运作也是这样。正因如此,不管句子多么怪异、复杂和冗长,其中的运作规律及其派生出的所有语言特征都能在语言基本结构的框架内得到形式上的分析与诠释。这是语言规约性的重要一面。另一方面,体现语言创造性的结构性与限定性的递归组合运作使句子的生成具有经久不歇的无限潜力,为语言使用者提供了自由创造的无限空间。结构性递归运作使语言的基本结构或句式具有开放性。限定性递归运作又使对任何 NP/VP 的限定具有无限循环性或开放性。语言运作这两个方面的相互作用和协调诠释了语言运作的规约性与创造性之间的关系,解释了为什么语言会出现千姿百态的句子,即会存在形态千差万别的具体形式,说明了为什么人类语言具有描述大千世界的可持续的能力。由此,语言普遍原则从形式上证明了一个重要事实:

人类语言是个开放的言语系统。

第三章　外语教学与语言创造性特征的缺失

3.1　外语教学师者的"惑"

我国外语教学中存在着"惑"吗？这"惑"不是指学习者在学习时遇到的不解或问题，而是指"师者"本身未曾意识到的"惑"。倘若没有，外语教学为什么总是摆脱不了"费时低效"或"事倍功半"的问题？为什么一个有长期的教学历史的外语教学大国至今还未能建立起自己的外语教学理论？为什么至今为止我们还没有找到外语教学的"特殊规律"和有效的教学方法？显然，外语教学中确实存在着师者自身的"惑"。这是一个令人难以接受但却存在着的事实。

蔡基刚(2011:612-613)在其《关于大学英语课程设置与教学目标——兼考香港高校大学英语课程设置》中指出：

> 我们承认内地高校学生对大学英语普遍不满。如最近一次即 2010 年 6 月间，我们对 8 个省市 16 所本科院校 1246 名大二和大三学生进行了调查，结果发现，学生觉得自己现在的英语水平较之刚入学时"有较大提高"的为 3.9%；"有些提高"为 35.23%；"基本没有提高"为 25.4%；"有些下降"为 35.1%。学生对自己学校大学英语教学"基本满意"的为 20.54%；"比

较满意"为31.38％;"勉强满意"为35.39％;"不满意"为12.6％。然而我们在多次需求调查和访谈中注意到,学生要求提高英语能力的愿望却是非常强烈的。

我们承认现在各高校的英语四、六级通过率都有了很大提高。但是"应试训练只能提高一点分数,不能提高语言能力"(桂诗春,2011)。孙复初(2010)和清华大学老师做过几次对比试验,发现学生即使在考试的阅读理解部分答对了选择题,原文却根本就没有看懂。学生自己也这样说:"通过四、六级,拿到证书,但碰到英文文章,就发现不行,通篇都是生词,一小时只能看几行。写的英文论文,外国人看不懂"(孙复初,2005)。而各系一线老师们的意见一点也不比学生少。很多老师痛陈学生四、六级考试过关之后,英文文献还是读不了,英文论文写得一塌糊涂(同上)。

上述两段话语中的"调查"和"对比试验"较为特殊。它们并非是针对外语教师个体具体教学效果的评估,而是对我国大学英语或外语教学的一个总体评价。这一总体评价基于多个省份和多所高校的调查和对比试验,其样本量大,无疑具有代表性或普遍性。文中承认了内地高校外语教学存在着的两个矛盾的事实:一是我国大学生对大学英语的教学感到"普遍不满",尽管他们非常强烈希望提高英语能力。二是各高校四、六级考试通过率虽有很大提高,但学生的语言实际应用能力没有提高。

第一个矛盾事实是"动机与效果"形成反差的问题。可以看出,学生们有着非常强烈的提高英语能力的愿望,但大学英语教学实际效果显然远未达到他们的预期。该反差具体地体现为在被调查学生中,有六成以上本能地感觉到自己现在的英语水平与刚入学时相比"基本没有提高"和"有些下降"。对于大学英语教学效果做出这样的否定评价显然令人吃惊。学生们有着"非常强烈的"学习英语的动机,实际上也花费了相当多的时间完成了从基础英语到高级英语阶段的学习任务。尽管他们对"大学英语普遍不满",但显然并不明白大学英语教学究竟存在着什么问题。同样明显的是,处于教学一线的大学外语教师似乎也不知为何会这样。他们的意见事实上"一点也不比学生少"。应该承认绝大部分的高校外语教师在教学中都是认真负责的,他们实际上也尽心尽力地完成、达到了教学大纲中规定的各项目标与要求。这种动机与效果的极大落差客观地揭示了我们的外语教学存在着的问题,更确切地说,存在着"师者"本身尚未意识到问题,即我们所指的外语教学中师者的"惑"。

第二个矛盾事实涉及我国高校英语四、六级考试的"效度与信度"(validity & reliability)的问题。作为全国统一的终结性水平测试,大学英语四、六级考试是依据我国高等学校大学英语教学大纲中规定的目标要求设置的考试,其效度和信度原本应是不容质疑的。然而,问题是,尽管通过了四、六级的测试,学生们"英文文献还是读不了,英文论文写得一塌糊涂"。不仅如此,他们实际上在"说"英文方面的语言表现(language performance)同样也很糟糕。以上的事实表明该终结性水平测试实际上并没有准确地测试出受试者真正的语言能力。这当然与其建构效度(construct validity)相关。例如,在很长一段时间内,该测试并没有对所有的受试者进行口语测试。口语测试无疑是衡量语言能力的一个不可或缺的部分。缺失了这一部分,语言测试是不完整的。又如,"阅读理解"测试项目所采用的正误判断题和多项选择题的"间接测试"形式并没有准确地测出受试者的阅读能力。受试者并不需要自己理解,因为每一阅读项目所设置的问题都有现成的以选项形式出现的答案。他们需要的所谓"理解"只是从几个选项中进行"选择"或"猜测"。这就是"即使在考试的阅读理解部分答对了选择题,原文却根本没有看懂"的原因。再如,测试中有测试写作的部分,但不到五种的写作类型早已被制作成"八股文"式的几个应试模型。在这个部分,很多受试者只需默写出十个到十五个常用应试句子,或稍作替换、修改并组成三个段落即可,不一定能真正反映其实际的写作能力。这就是学生通过了四、六级考试,"写的英文论文,外国人看不懂"的原因。如果说,具有明确大纲和具体目标和要求的终结性水平测试不能准确地衡量学习者真正的英语水平,那么,这一终结性测试的效度和信度无疑是有问题的。应该指出的是,英语专业的四、八级终结性考试同样也存在着类似的问题。而这些问题恰恰从另一视角证明了我国外语教学存在着"师者"自身的"惑"。

  师者自身的"惑"最终还是要归结到"教什么"和"怎么教"的根本问题。当然,我们并不是说外语教学至今连这个问题都还搞不明白,而是说我们在"教什么"和"怎么教"上存在着问题,或者说在我们的外语教学中存在着致命的缺失。如果说中小学阶段外语教学的目标是为学生学习外语打下基础,即积累外语知识或掌握目标语言的"规约",那么,应该说,"教什么"和"怎么教"基本上是明确的。因为在此期间,尽管在该问题上存在着明显的应试倾向,但我们为中学阶段设定的外语教学大纲的目标可以说已经基本达到。也就是说,高考的外语试卷基本能够将高中教学大纲中要求的目标具体化为所要测试的语言技能、语言规约等,即它具有较高的效度和信度。然而,到了大学阶段,外语教学的核心目标就应是高校外语教学大纲中强调的提高学生"语言运用能力",即让学生掌握的语言知识最终能够转化为听、说、读、写等实际的语言运作技能。尽管大学阶段的外语学习是中学阶段的延续,但它并不是简单的词汇量的增加和语言知识的拓展,而是要使学生所掌握的目标语言知识最终能朝"质"的方向转化。换言之,大学阶段与中学阶段的外语教学目标应该有着本质上的不同,即让学习者在中学已掌握的目标语言知识的基础上,能进一步认知和使用语言全面运作的规律,特别是创造性运作的规律。然而,在大学外语的学习中,很多学生只是感觉到语言知识面和词汇量有所扩大,语言的难度有所提高,但并没有感觉到他们的语言实际应用能力提高了。这表明我们大学外语教学的中心还是知识的传授,只是在增加学生目标语言知识的"量"。大学外语的教学似乎试图通过语言知识"量"的扩大或增加,从而使学生的语言知识也能够像二语习得者的那样,从"量变"达到"质变",能自动地达成目标语言运用能力的目标。然而,这一"量变"实际上并没有产生我们所预期的"质变"的效果。蔡基刚上述具有普遍代表性意义的"两个承认"就很能说明问题。由此可见,我国大学外语教学并没有成功实现教学大纲中的目标与要求。这也就意味着我们在"教什么"和"怎么教"上存在着需要进一步探讨和改进的问题。

3.2 二语习得与外语学习

我国的外语教学未能使学习者的目标语言知识从"量变"达到所期许的"质变",由此引起的一个不得不说的话题是第二语言或"二语习得"(second language acquisition)与外语学习(foreign language learning)的区别问题。这原本并不应该成为一个问题,因为两者之间的区别本来就很明显:"第二语言一般指在本国有与母语同等或更重要地位的一种语言;外语一般指在本国之外使用的语言(杨连瑞等,2007:100)。"例如,我国汉族人民学习的蒙语、藏语和维吾尔语和少数民族人民学的汉语是第二语言,而中国人学的英语、俄语和西班牙语等则为外语。同样明显的是,与此密切相关的两个概念,即"习得"(acquisition)与"学习"(learning),实际上也并不同义。"习得是指学习者通过大量接触和使用目标语而潜意识地获得该语言,在这一过程中,学习者关注的是语言的意义而不是语言的形式。学习则是学习者为了掌握目标语而有意识地学习和研究该语言。在这一过程中,语言形式是学习的核心。"(杨连瑞等,2007:97)

然而,随着近几十年来国外第二语言习得(second language acquisition)研究的兴起,"二语"与"外语"的区别被刻意地弱化了。为了使该研究成为一门独立自主的学科,具有明确的研究对象和界限,著名的二语习得研究领军人物 Rod Ellis(2000:3)就把除母语(第一语言)之外的其他语言统称为第二语言,作为与第一语言相对应的一个中性的总术语(a general term)。与之相匹配,他同时也模糊化了"习得"与"学习"的差别,甚至把两者相提并论。他认为,"习得和学习根本不存在本质上的区别。习得中包括有意识的学习,有意识的学习中有可能无意识地学到意想不到的知识"(杨连瑞等,2007:97)。因而,在其相关的专著中,他就把习得与学习等同起来交互使用。这样,所谓第二语言或"二语"就包括了除母语之外人们所学的第二、第三、第四语言甚至外语等,而"习得"也就涵盖了无意识的习得和有意识的学习。在此情境下,他进一步指出:"术语'第二语言习得'指的是在自然语言环境中或正规教育中学习一种语言(非母语)的无意识或有意识的过程。"(The term "second language acquisition" refers to the subconscious or conscious processes by which a language other than the mother tongue is learnt in a natural or a tutored setting.)(Ellis, 1999:6)也就是说,他把第二语言习得(包括外语)笼统地划分为通过非正规教育或在自然语言环境下(untutored or "naturalistic" acquisition)和通过正规或课堂(tutored or "classroom"acquisition)教育的无意识或有意识的习得的过程,也即"课堂内"或"课堂外"(inside or outside of a classroom)学习一门语言的过程(Ellis,2000:3)。

  国外"二语习得"研究者为将其建立为一门独立的学科,将母语(第一语言)之外其他任何语言包括外语统称为第二语言,以此作为这一学科的界限是情有可原的。对于他们来说,外语教育只是占了第二语言教育中一个很小的几乎可以忽略不计的比例。他们有意或无意地忽视了一个重要的因素——"自然语言环境",或者说他们把自然语言环境视为一个想当然的因素。很明显,在具有自然语言环境的情况下,习得者在"课堂内"所学习的语言知识可以在得天独厚的"课堂外"环境内得到广泛的应用,从而得到不断强化、规范直至"内化"。也就是说,有意识的学习与无意识的习得可以很自然有效地交织在一起,其中无意识的习得占有很大的比例。在此情境下,"学习"与"习得"的区别的确难以分清,称两者"根本不存在本质上的区别"似乎也未尝不可。然而,外语学习并不存在二语习得所具有的自然语言环境。它只能或主要是靠"课堂内"有意识的"学习",很少有"课堂外"无意识地"学习意想不到的知识"的机会。换言之,外语学习者无意识的习得所占有的比例很小。尽管自然语言环境对于二语习得在多大程度上影响语言学习的过程尚未可知,但其存在着积极的影响和促进作用却是不争的事实。因而,把无目标语言环境的"外语学习"与有自然语言环境的"二语习得"混为一谈是不妥当的。对于我国超大规模的外语教育来说，这个问题无疑需要谨慎对待。我们不能因为国外的相关理论把"外语学习"贴上"二语习得"的标签就匆忙去与国际"接轨"。当然，我们更不能去照搬尚在不断修正和发展中的"二语习得"理论来指导我国这样特殊的"二语"（外语）教学实践。相反，我们应该正视外语教学的特殊性，即要明确"外语学习"与"二语习得"的区别。尽管外语学习没有目标语言环境是个无法改变的客观存在，但不具备这一似乎是"外在的"客观条件并不意味着我们可以像有自然语言环境的"二语习得"那样去忽视语言环境。我们应该正视和分析自然语言环境在语言学习中的积极影响作用，进而探讨和发现没有目标语言环境的外语教学的特殊规律和有效的教学途径。

所谓"课堂外"的"二语习得"，指的是没有通过正规教育，或在自然语言环境下无意识地习得一门语言的过程。根据这一诠释，可以看出，这一无意识的习得过程与母语习得的过程颇为相似。与母语一样，天然的目标语言环境为二语习得者提供了几乎百分之百的无意识习得的机会。从其提供的内容上看，它自然涵盖了目标语言的语音、词汇以及组词和造句等"约定俗成"的组合规约。也就是说，这些规约实际上包括了语言各个系列层级不同的组合，涵盖了语言运作所需的基本规则或语言知识。从其提供的"量"上看，这是一个源源不断的可理解的话语资源，或提供了十分充足的语言输入和输出的"量"。例如，习得者可以长时间地沉浸在自然语言环境的海洋之中，下意识地接触目标语言大量的词汇。而这些词汇又总是与所指的事物密切联系在一起，可以不时地反复地接触和使用，是十分便于记忆和掌握的积极词汇。又如，习得者所习得的组词、造句的组合规约同时可以在这一语言环境中得到不断的重复应用。习得者即使出现不当和错误，也可以随时随地得到纠正和规范。这样,随着这些语言知识的"量"的不断持续增加,习得者自然而然地就学会了"听话"与"说话",其中包括能够听懂和说出以前从未听过和说过的"话"或"句子"。与其说他们是会听和说"句子",倒不如说是他们已经掌握了该目标语言运作的规则。这也就意味着他们无意识习得的目标语言知识的"量"产生了"质"的变化。这一量变到质变的过程就是所谓"课堂外"的二语习得过程。这一过程表明:自然目标语言环境所提供的"量"完全足以使习得者的语言知识自动地转化为实际使用语言的能力,或者说足以使其"感性地"内化以前未听过或说过的句子的运作规律。

如果说,"课堂外"的二语习得主要为无意识(unconscious)的学习过程,那么,"课堂内"的二语习得则主要为有意识(conscious)的学习某一目标语言知识的过程。基于"课堂外"与"课堂内"这一划分,自然目标语言环境就成了"课堂内"二语习得的一个"外在的"因素。然而,这一"外在的"因素实际上并不"外在"。相反,它是个与课堂内二语习得密切相关的能起十分积极的促进作用的外因条件。尽管"课堂内"的二语习得要多学习一套书面语,增添了学习的负担和难度,但这"课堂内"有意识学习的语言知识同样也可以在"课堂外"无意识地与实际的语言运用紧密地联系起来。也就是说,课堂内所学的语音、词汇和组词、造句规约等同样也可以在课堂外不时地接触到和得到随时随地的应用。从这个角度上看,课堂内的二语习得者实际上也同样享受了自然语言环境的条件。这样,课堂内的二语习得实际上要比课堂外的二语习得多了一个目标语言输入的渠道,其过程实际上等于"课堂内"+"课堂外",其中后者至少占百分之五十以上。如果说,"课堂外"(自然语言环境中)二语习得的目标语言的"量"本身就已经足以让习得者下意识地掌握语言知识并将其自动转化为语言运用能力,那么,

"课堂内"的二语习得则更是锦上添花,因为课堂内有意识学习的语言知识与课堂外无意识的习得能够得到有效的"互补"和"融合",从而促进习得者语言知识"理性地"内化。这表明"课堂内"的二语习得同样可使习得者的语言知识自动转化为语言运用的能力。

按照"二语习得"理论的划分,外语学习属于"课堂内"的类型。但这一类型无疑具有特殊性。与具有自然目标语言环境的"二语习得"不同,外语学习很少有"课堂外"无意识习得的客观条件,或者说,无意识的习得所占的比例很低。与整天沉浸在自然目标语言环境中的二语习得者相比,外语学习者接触目标语言的时间很少。他们每天能够输入的目标语言的"量"是很有限的,且很少有输出的机会。例如,从学习时间上看,我国大学英语课程每周4~6课时,也就是说,学习者每周"课堂内"学习目标语言知识的时间至多6个课时。就算加上课外自习的时间(每周按5天计算,平均每天1课时),他们一周学习或接触英语的时间也就约11个课时。这样,如果每个学期按20周计算,一个学期的学习时间也就只有约220个课时,一个学年也就440个课时。如果一天学习的时间按12个课时计算,一个学年大学英语学习者接触目标语言的时间还不到40天。从学习方式和效果的角度上看,他们在"课堂内"所学习的外语词汇不可能像二语习得那样可以在"课堂外"得到不断的接触或被激活,只能反复、被动地记忆,因而绝大部分是消极词汇。词汇学习的情况是这样,目标语言的语法规约和语言点也是如此。由于课堂内所学的语言知识常常被割裂和孤立地讲解,学习者未能从句子或语言运作的整体上去把握规律,且又很少有机会在"课堂外"应用它们。它们只能得到一些笔头练习,因而往往沦为惰性的知识。尽管大学英语教程的每个单元除了课文(Text Ⅰ),还设计了提供学生自学的材料(Text Ⅱ),假设学习者都能自觉地完成该自学任务,其所输入的"量"也还是很有限的。虽然现在各高校的图书馆里都有很多外文书和影视等有声资料可供课外学习,但前往借阅和看、听的学生并不多,因为他们毕竟还有各自专业的学习任务。尽管在课堂内我们也在提倡"情景教学",在课堂外也举行一些外语角的活动,但也是杯水车薪,且受诸多因素的限制,效果并不理想。由此可见,外语学习者接触目标语言的"量"和所学的语言知识根本就不足以自动地产生"质变",即难以像二语习得者那样可以自然而然地将所学语言知识"内化"为实际的语言运用能力。

　　以上的讨论使我们认识到,二语习得者课堂外与课堂内习得的目标语言知识均可以在自然语言环境下自然而然地转化为目标语言的运用能力,而外语学习者则由于所接触目标语言的量和应用该语言的机会均很有限,并不足以产生这一"自动"的转化。很明显,自然的目标语言环境在二语习得中具有十分积极的影响作用。自然的目标语言环境不仅提供了充足的可理解的语言输入,而且提供了无限的语言输出的条件,其中自然涵盖了目标语言运作显性的规约和隐性的规律。具有这些客观的条件或者说天然的"助教",二语习得者课堂内所学习的目标语言知识随时可在课堂外不断地得到激活、修正、巩固直至"内化"。反之,外语学习却无此能起积极影响作用的"外在"因素,很多"天然助教"的工作只能落实在仅有有限课时的"课堂内"。由此可见,不考虑外语学习的特殊性,把其笼统地纳入"二语"的范畴,并简单地将其划分为"课堂内"与"课堂外"的习得过程是不严谨的。因为这样做很容易产生误解,导致"照搬"二语习得理论及其教学模式于"外语教学"的实践。

　　诚然,外语学习与二语习得"课堂内"的教学目标和所要教授的语言知识无疑是一致的。也就是说,一门语言,无论是作为有自然语言环境的第二语言,还是作为无该目标语言环境的外语,其语言知识是相同的。然而,缺失了二语习得所具有的目标语言自然输入与输出的条件,把适用于二语习得的教学方法应用于外语教学的实践显然是不适合的。有着自然目标语言环境的积极作用,二语习得在课堂内自然可以不用强调约定俗成的规约或语法特征,可以主要关注于"语言意义"。而外语教学缺失了目标语言环境的"天然助教",目标语言的形式或语法的传授、修正、巩固等工作无疑都不得不一一落实在"课堂内"。这也就意味着外语教学课堂内的聚焦点就应该与二语习得课堂内的主要关注点有所不同。遗憾的是,如今我国的外语教学也普遍出现了注重"语言意义"而淡化"语言形式"或语法的现象。这表明我们事实上已经接受了国外二语习得的理论,并且已经将相应的教学模式应用于我国的外语教学实践。目前,我们现行的外语教材大都弱化或去除了目标语言语法的部分。在教学中,我们也采用了相应的"交际型"和"任务型"等新的教学模式。显而易见,我们似乎有意或无意地希望学习者在有限时数的目标语言学习中,也能够像二语习得者那样自动地内化和应用该目标语言知识。然而,实践已经证明这样的外语教学模式并没有达到我们所预期的效果和目标。

　　这样的结果实际上并不让人感到意外。因为"照搬"这样的教学模式没有考虑到外语教学的特殊性,即外语学习并不具备目标语言的语法特征在自然语言环境下得到"互补"并促进"内化"这样的客观条件。鉴于外语教学的特殊性,一个很关键且必须直面的问题是在"课堂内"如何处理好目标语言的形式或语法与语言意义的关系。

3.3 目标语言的形式和意义与外语教学

实际上,是否需要教语法以及怎样教语法也是国外二语习得领域内研究者们争论的主要问题之一。问题的核心为两种不同的教学的途径(approaches)或方法,即"完全关注语言形式"的传统教学方法与"完全关注语言意义"的沉浸式和自然语言习得模式。但两种教学方法很明显都有其不足。语法知识点"分散、孤立"的传统教学方法,因仅仅关注"语言形式"而忽视"语言意义",受到了广泛的批评。而"沉浸式学习和自然语言习得研究结果表明:当课堂上的二语习得完全从经验出发并以语义为中心时,一些语言特征最终无法发展到想要实现的目标水平。"(Doughty & Williams,1998:2)因而,近年来,出现了"关注语言形式(Focus on Form)"的折中教学方法以平衡语法在语言学习中的作用。其核心思想是:"虽然语言学习总体上应以关注意义为中心,以交流为导向,但适度(occasionally)关注语言形式仍然是有益并且是必要的。'关注语言形式'的做法是当理解或语言输出遇到问题时,教师和/或一个或多个学生暂时性地将注意力转移到某些语法特征上。"(Long & Robinson,1998:23)

从以上的争论以及折中方法的产生可以看出,目标语言的"语言形式"或语法在学习中还是具有其重要性或价值的。上述相关的研究已经表明,即使强调以意义为中心,以交流为导向,二语习得课堂内"适度"关注语言形式"仍然"是有益并且是必要的。否则,习得者所需掌握的一些语言特征就难以达到教学所设置的目标水平。同样可以看出,所谓二语习得课堂内适度关注"语言形式"的"适度"(occasion)是指"当理解或语言输出遇到问题时"。对于具有自然语言环境的二语习得教学来说,这种折中的态度和方法是可取的。因为有很多目标语言的语法特征或语言形式都能在自然目标语言环境中不断地出现,从而显得很常见或很"普通"。因而,它们在"课堂内"出现时似乎就不会显得那么突出,需要加以关注和强调。然而,对于不具自然语言环境的外语教学来说,这样的"适度"场合毫无疑问要多很多。对于外语学习者来说,那些二语习得者可以"耳濡目染"的语法特征很可能就是全新或特殊的语言现象或学习的重点和难点,例如,英语中名词和动词形式变化规则和冠词的使用等。换言之,那些在自然语言环境积极作用下"习以为常"的语法特征在无此客观条件的外语教学中就可能显得生疏,难以令人适应,因而,就还需要不时地关注甚至强调才能使学习者逐步掌握。既然二语习得的教学都还要"适度"关注语言形式才能使习得者达到想要实现的目标水准,那么,外语课堂内的教学无疑就更应该是如此。

我们知道,我国外语教学课堂内的时数是很有限的(大学英语每周不超过六个课时),而要在这很有限的教学时间内,既要以"语言意义"为中心,以交流为导向,同时又要不时地比二语习得更关注语言特征,显然是很难做到的。考虑到外语教学没有自然语言环境,教学时数少,关注目标"语言形式"的"适度"面大的特殊性,采用以"语言意义"为中心的"二语"教学模式显然并不合适。因为要达到外语教学目标所设置的目标水平,学习者首先必须掌握好目标语言的运作特征,即"语言形式"或语法。这个道理很浅显,因为目标语言的形式或语法始终在制约和协调着语言的运作或句子的生成,人们也正是凭借这些规则说出和听懂话语,它们是人们成功交际的必要前提。因此,"语言形式"或语法特别是语言运作的规则无疑是外语教学中一个不可或缺的组成部分。从这个意义上看,外语教学的特殊性决定了其"课堂内"所传授的语言知识首先应是目标语言的"语言形式",其次才是"语言意义"。换言之,外语教学的首要目标就是要使学习者能够认知目标语言的形式或运作的规约,进而能够掌握和应用其运作的规律。而课堂内范文中"语言意义"的理解只是实现该目标所利用的"媒介"或手段,并不是教学的主要目的。我们通过这一媒介,通过分析不同题材和体裁的范文,就是要让学习者不断地揣摩和学习不同作者如何谋篇布局、如何运用目标语言运作的规则和方法。事实上,不懂得目标语言的形式及运作规律根本就谈不上语言的掌握和应用,也谈不上真正的语言意义的理解和有效的交际。反过来看,语言的形式或语法特征分析清楚了,语言运作的规律弄明白了,对于范文作者是通过何种手段来表达思想就有了形式上的可靠依据,也即对文章"意义"的理解有了理性的依据,而不是仅仅凭着并不可靠的"语感"。

如果说外语教学课堂内应该采用主要关注"语言形式"的模式,那么我们是否又要回到传统的语法教学模式呢?答案显然是否定的。然而,我们可以从分析这一传统模式中得到一些启示,从而探索出有效的教学路径和方法。我们知道,事实上传统的语法教学模式在我国的外语教学实践中也没有获得成功。那么,问题究竟出在哪里呢?

3.4 语法的缺失

问题是我们对于语法的了解还不够,甚至对于语法的定义还没有达成共识。完全基于语法的语言学习和教学之所以失败,一种可能的原因是我们没有一种可靠的语法理论作为依据。已经有学者开始尝试研究形式语法、生成语法和功能语法在这方面的应用(Ellis,1997:73)。但是到目前为止,我们还无法确定究竟应该怎样学习语法。问题不在于二语习得研究者和教师无法在多种语法理论中做出选择,而是没有任何一种理论是令人满意的。因此,对语法进行语言学研究的重要性是显而易见的。我们需要对语法作出更好的描述。

(胡壮麟,2007:265)

上述的观点显然是基于应用语言学的视角针对二语和外语教学的实践而抒发的。根据以上观点,迄今为止,没有任何一种语法理论是二语和外语教学可靠的依据,或令人满意的。也就是说,"语言形式"或语法还有待于更进一步的研究,需要有"更好的描述"。

根据《朗文当代高级英语辞典》(1998:663),"语法"的定义为:

词改变其形式和组合成句子的规约(The rules by which words change their forms and are combined into sentences.)。

《麦克米伦高阶英语词典》(2003:618)给出的定义是:

一套描述语言结构和控制句子组合方法的规则(the set of rules that describe the structure of a language and control the way that sentences are formed)。

《朗文语言教学及应用语言学辞典》(2000:201)给予的定义为:

对语言结构及语言单位如单词和短语组合成句的方式的描述(a description of the structure of a language and the way in which linguistic units such as words and phrases are combined to produce sentences in the language)。

根据以上定义,语法描述的是语言结构(structure of a language)和语言单位(language units)组合成句子的规约(the rules)或方式(the way)。定义中的"语言结构"并未得到具体的诠释,但其无疑涵盖了音、词、词组和小句等不同的语言结构,也即"语言单位"(language units)。不难看出,这些组合规约或方式指的是语言各个系列层级的组合规约或方式,体现的是语言二层性特征。这样,语法"描述"的是语言各个层级结构的组合规约。同样可以看出,上述的定义均涉及"句子"的组合。事实上,句子成分的组合涵盖了语言各个层次的组合,即音组合成词,词组合成词组,词组组合成句。当然,这也包括了词形式的改变(名词的单、复数,动词因主谓一致以及时、体、态等因素而产生形式的变化)等运作规则。

关于语言各系列层级的组合规约,语言学家们经过多个世纪的长期研究,已经做出了十分成熟的详细描述,例如音层级的语音学、词层级的词汇学以及词组、句子层级的句法学等。语法学家也从词、词组和句子等不同系列的视角全面、系统地描述了相关的组合规约。应该说,所有这些不同语言系列的组合规则或语法已经构成了语言成熟的运作规约或系统的语法。然而,为何人们还是会觉得没有任何一种语法理论是"可靠的"或"令人满意的"呢?实际上,传统的外语教学正是围绕着这些规约或语言知识进行传授。我们知道,某一语言无论是作为母语还是作为外语,其"语言知识"是相同的,那么,传统的外语教学在传授了相同的语言知识或其运作规约之后,为何却不成功呢?

由此引起的一个从未被提起但十分重要的问题是,囊括了语言各个系列组合规约的语言知识是否涵盖了全面的语言运作?或者说,自然语言环境除了呈现目标语言运作显性的组合规约之外,是否还呈现了尚未被揭示出的隐性的语言运作规则呢?

3.4.1 隐性的语言创造性运作规则

对于这个问题,本书实际上在上文已经给出了答案。我们知道,尽管语言学家与语法学家早已经分别对语音、词、词组以及句子等系列层级的组合做出了十分详尽的分析与描述,但从语言学的视角或语言设计特征(language design features)上看,所有这些林林总总的详尽的描述都还只是涉及语言各个系列组合的显性的运作规约。它们仅仅体现了语言运作的一个特征——"规约性",而语言的全面运作实际上还包括了另一十分重要的特征——"创造性"。

洪堡特(2008:56)在其《论人类语言结构的差异及其对人类精神发展的影响》中指出:

> 语言就其真实的本质来看,是某种连续的、每时每刻都在向前发展的事物。即使将语言记录成文字,也只能使它不完善地、木乃伊式地保存下来,而这种文字作品以后仍需要人们重新具体化为生动的言语。语言绝不是产品,而是一种创造活动。……然而在真实的、根本的意义上,也只能把这种讲话行为的总和视为语言。

洪堡特的以上话语是从语言哲学的视角来诠释人类语言的。其中他提出的语言"产品"与"创造活动"之说无疑具有启示作用。在他看来,"产品"是"定型的""僵化的",是"我们习惯于称之为语言的一大堆散乱的词语和规约";而"创造活动"才是语言的"生动本质"(洪堡特,2008:57)。洪堡特的这一论述揭示了语言全面的运作。这一全面运作体现的正是语言的规约性和创造性特征。语言"产品"中体现的"规约性"或"词语和规约"是定型的、显性的,已经得到了系统的归纳和整理。而语言产品中的"创造活动"则是不确定的、隐性的,还没有得到应有的揭示和体现。

长期以来,语言创造性的运作方式和规律是国内外语言学界感到"迷惑"又十分棘手的问题。之所以令人迷惑和棘手,是因为它存在"抽象性"和"不稳定性"。抽象性在于人类语言的运作存在着耐人寻味的"有限与无限"和"规则与自由创造"等关系,不稳定性则在于创造性运作涉及面广,包括语言使用者个体的"自由创造"问题。从形式上看,语言创造性运作中"有限手段的无限使用"以及个人独立的自由创造在语言实践中呈现了无限长短不一、千变万化或风格不同的句子。而面对数量如此众多和具体形态千变万化的无限句子,要从其形式上探索或发现其自由创造的规律或机制似乎是不可能的。从心理层面上看,个人的自由创造还涉及了语言使用者各自不同的诸多内在因素。正如语法学家保罗(Paul,1898:27)所指出的:

> 即使在最有利的情况下,对语言机制进行观察也是极困难的。直接的观察根本就不可能,因为语言机制是某种无意识地潜藏于心灵之中的东西。只有通过其作用,即在言语活动的具体行为中,才能认识语言机制;只有通过许多途径,才能把握那种潜伏于本能之中的观念团。

正是由于创造性运作的抽象性与不稳定性以及心理层面的复杂性,其规则或规律迄今尚未被认知,因而形成了语言运作隐性的一面。到目前为止,国内外语言学理论中关于语言创造性运作的论述很少,现行的语法书中甚至没有这方面规则的描述。然而,不争的事实是,创造性运作是人类语言全面运作中一个十分重要的组成部分。人们能够无止境地生成形态各异的无限的句子,能够生成以前没有说过或听过的句子,显然都是语言创造性运作的结

语言普遍原则的创造性运作

果。语言之所以能够可持续地发展，无疑也是因为其具有创造性的特征。从另一角度上看，无论是"以前没有听说过的句子"，还是很"怪异"和非常复杂的句子，它们均是"可理解"的语言表现形式。这也就意味着其中必定有语言使用者已经下意识认知但却说不清楚的"可理解"的依据，即语言创造性运作的组合规则和规律。尽管创造性运作显得抽象、不稳定，尽管该运作涉及语言使用者个体，而人们的心理层面很复杂，语言风格各异，但该运作总归还是要遵守或受制于这些规则，否则就"不可理解"。换言之，创造性运作存在着尚未被揭示的隐性的规律或具体的规则。

上文，我们将语言定义为以句子的形式构建的言语系统并归纳出了其全面运作的普遍原则，这就使抽象的语言创造性运作变得简单、具体和具有很强的可操作性。语言普遍原则确定了语言的基本结构、基本运作以及揭示了体现创造性的结构性与限定性递归运作规则。结构性递归运作规则如下：

Sent. → $n(NP+VP) = n$ Sent.　　（基本结构层面）

Sent. → n NP + n VP　　（结构成分层面）

Sent. → SVnC　　（句式成分层面）

Sent. → SnV

Sent. → SVnO

Sent. → SVOnO

Sent. → SVOnC

结构性递归运作规则揭示了扩大句子生成的表述结构空间的方法。也就是说，在句子的创造中，语言使用者可以通过自由并联或并列语言基本结构（从句）、结构成分或句式成分来扩大其表述空间。可以看出，这些递归运作具有可预测性，每个部分的重复或递归运作都可在语言基本结构层面上得到分析与诠释。从理论上看,这些运作规则均具有无限递归性。换言之,原本固定的语言基本结构或基本句式均具有开放性,成为了开放性的句型。这一开放性为语言使用者提供了结构框架上进行创造的无限可能性,使任何思想均可以有充足的表述结构空间。

限定性递归运作规则如下:

S→$n\text{C}'\text{NP}, n\text{C}''\text{VP}$

限定性递归运作规则揭示了限定语如何对 NP/VP 进行进一步描述、说明和指定。人们可以利用不同语言结构的限定手段对 NP/VP 进行自由、不受限制的限定,由此导致了该运作也具有无限的循环性,也即对 NP 或 VP 的限定具有无限的运作空间。有意义的是,限定手段不仅可以用来限定表述对象 NP 和对表述对象的表述 VP,而且可以用来限定句子创造过程中可能衍生出的任何名词与动词,这就使句中任何需要说明的名词或动词都可得到进一步的表述。限定性递归运作规则事实上为任何复杂思想的表达提供了无限的运作空间。构成限定语的语言结构形式不到十个,是很有限的限定手段。但由于这些有限的限定手段可以对句子创造中任何名词和动词进行自由的、不受限制的递归限定,且其在句中的位置灵活不定,还由于这些手段的应用还涉及了语言使用者个体的自由运作,这就导致了句子的具体表现形式长短不一,千姿百态,从而使其运作规律被掩盖起来,形成了隐性的运作。尽管如此,与结构性递归运作一样,限定性递归运作构成了语言全面运作的一个十分关键的部分。

结构性与限定性递归运作构成了语言隐性的创造性运作。隐性的创造性运作与显性的基本运作构成了语言的全面运作。"语言普遍原则"高度地概括了这一全面运作:

S→$(n)[(n\text{C}')(n)\text{NP}+(n\text{C}'')(n)\text{VP}]$

语言普遍原则的创造性运作

语言普遍原则表明：语言基本运作与创造性运作均是围绕着语言基本结构的运作。公式中的 n 为任意整数。当公式小括号中的要素均不出现时，这一运作体现的是语言的基本运作，即 S＝NP＋VP。当公式小括号中的要素出现时，它体现的则为语言创造性运作。

语言的基本运作是 NP 与 VP 建立起的联系或组合，体现的是句子生成运作的主要关系。NP 与 VP 的组合在不同语言中具有各自不同的约定俗成的规则或不同的语法"参数"，例如，在英语句子生成中，涉及"数"和"时、体、态"时，有名词与动词的变化规则。这是语言交际者相互理解的可靠的形式依据。尽管这些显性的运作规则或语法"参数"没有在语言普遍原则中体现，但其在语言运作中是不可或缺的，同时也适用于创造性运作。换言之，无论是完全基于基本结构的基本运作还是创造性运作，这些约定俗成的组合运作规则均是必须遵循的。在此基础上，人们可以根据不同表述的需要进行"自由创造"。"自由创造"是对五彩缤纷的大千世界进行表述的需要。语言使用者在句子创造中不仅需要有足够的结构表述空间，而且需要有使任何思想都可以得到充分、准确和生动表述的规则和方法。结构性与限定性递归运作的规则满足了这两方面的需求，它们是句子生成或语言创造确定的运作规则与方法，是语言知识的一个部分，即语法规则不可或缺的一个重要部分。

以上关于语言创造性的描述空白或语法"缺失"的讨论使我们明白了传统语法教学的模式不能获得成功的最主要原因，即该教学模式所传授的语言知识缺失了语言创造性特征的部分。缺失了这一关键的部分，目标语言的知识无疑是不全面的。这一"缺失"对于二语教学来说问题不大，因为自然语言环境所提供的语言知识的量完全足以让习得者下意识地掌握这些隐藏在无限句子背后的创造性运作规律，并在实践中自如地应用这些规则。但对于外语教学来说，它却是"致命的"。因为在其"课堂内"根本就没有创造性运作规则的揭示和诠释，当然也不会有这方面的针对性训练。而没有对语言创造性运作规则的有意识的认知和应用，学习者就无法或很难掌握为表达思想留下足够空间和确切表达思想的具体运作方法。我们认为，这就是他们运用目标语言的能力普遍较差的最直接原因。传统的语法教学模式没有获得成功的另一主要原因就是没有从战略的高度去审视语言的整体意识，即没有确立语言基本结构为其运作的核心。该教学模式把语法特征"割裂为孤立的语法知识点来分别讲解"正是缺乏这一整体意识的典型体现。这样的做法实际上是把语言基本结构这一始终同一的整体框架与形态千变万化的具体形式（无限的句子）分离了开来。没有了语言基本结构这一运作核心或"立足点"，其教学自然就会与语言的整体运作相脱节，无法弄清楚语言基本结构与无限句子之间的关系，无法发现句子生成背后的规律。因而，在课堂内就往往会去纠缠范文中出现的显性语法特征和词语搭配等细节，使得很多语法特征的讲解显得孤立、分散，使得范文的"语言意义"支离破碎，得不到整体的连贯的关注。

从分析传统语法教学模式的缺失中我们得到的启示是：外语教学无论是采用哪个教学路径，"语言形式"与"语言意义"都不是也不应该成为对立的两面。外语教学中所采用的课程范文实际上都是"形义"的统一体，是"智能的同一不可分割的活动"。基于这样的同一整体，课堂内"关注语言形式"与"关注语言意义"完全可以和应该得到很好的协调。另一启示是，外语教学应该具有从战略高度去审视目标语言运作的整体意识。所谓"整体意识"首先就是要让学习者明确语言是什么,其基本结构、运作过程和普遍原则,就是要确立语言基本结构在语言运作中的核心地位。基于此,我们就能把"孤立、分散"的语法特征和语言点等置于语言基本结构的框架内去剖析,将其与句子的整体运作、范文的语言意义甚至作者的思路和思辨方式等有机地联系起来。最为重要的启示是,要弥补"语言形式"或语法关于创造性规则的描述缺失,使语法得到更为全面的描述。体现创造性的结构性与限定性递归运作的规则是目标语言知识不可或缺的组成部分,对它的学习也是外语学习者语言能力(language competence)培养的一个十分关键的部分。

当然,与外语教学模式密切相关的一个重要问题是外语教材的配套问题。教材是外语教学的"蓝本",其宏观与微观设计决定着外语教学能否达到最终目标的关键。

3.5　外语教材与语言创造性运作规则的缺失

文秋芳(2002:17)把我国过去 30 年英语专业教材(非专业英语教材也是如此)的编写思路分为三种:"(1)以语法结构为纲;(2)以功能为纲;(3)结构－功能两者兼而有之。"以语法结构为纲的教材强调"语言的形式"或语言的规约性,而以功能为纲的教材则强调"交际的形式和过程"或"语言的意义"。我国长期的外语教学实践已经证明了前两种编写思路均有其明显的局限。因而,结构和功能两者兼而有之的外语教材便成为了我国进入 21 世纪以来的主流教材。不难看出,这三种编写思路体现的正是我们上文讨论的所谓"以语言形式为中心"、"以语言的意义为中心"和两者兼而有之的"关注语言形式"的教学途径或模式。然而,依据这种"折中"的思路编写的新世纪教材的运用实际上也未能在我国外语教学中取得预期的效果。长期以来,我们总是把权威的外语教材毕恭毕敬地尊崇为至高无上的"蓝本",几乎没有人对它们提出过任何质疑。这显然对外语教材的发展是很不利的。作为我国外语教学第一线的参与者,我们如果能对外语教学中使用的教材进行信息反馈和提出建议,这将是有益的,特别是提出其缺失和改革意见,对教材建设无疑具有建设性意义。

以下我们拟以我国高校较为普遍采用的两部"新世纪"英语教材——何兆熊主编的英语专业《综合教程》(第 2 版)和秦秀白主编的大学英语《综合教程》为例进行分析。前者是"十二五"普通高等教育本科国家级规划教材。其依据的是《高等学校英语专业英语教学大纲》所设定的"具有扎实的英语语言基础和广博的文化知识并能熟练地运用英语在外事、教育、经贸、文化、科技、军事等部门从事翻译、教学、管理、研究等工作的复合型人才"的培养目标(何兆熊,2013:总序Ⅳ)。后者为普通高等教育"十一五"国家级规划教材,即新世纪大学英语系列教材。该教材依据《大学英语课程教学要求(试行)》设定的目标,即"培养学生的英语综合应用能力,特别是听说能力,使他们在今后的工作和社会交往中能用英语有效地进行口头和书面的信息交流,同时增强其自主学习能力,提高综合文化素养,以适应我国社会发展和国际交流的需要"(秦秀白,2008:总序 1)。尽管两者培养目标的深度与广度有所不同,但其核心目标是相同的,即学习者能够掌握和运用目标语言。以上两部教材所依据的培养目标无疑是明确的,但问题是,教材的宏观设计与微观设计是否能够实现这些目标呢?

3.5.1 外语教材宏观设计的缺失

在编写过程中,《综合教程》(秦秀白,2008:总序 1)的编写者力求:(1)坚持人本主义教育观。在确立"新世纪大学英语系列教材"指导思想时,强调教学过程中人的因素,强调"以学生为中心",重视开发学习者的自我潜能,注重"情感"和"态度"在学习活动中的作用和力量,力图使学生成为"自我实现者"。与此同时,认为教师必须在课堂内外发挥指导作用,指导学生学会学习。(2)尊重外语教学的普遍规律和在国内学习英语的客观条件,充分考虑"人""语言""社会"之间存在的互为依存、互动互促、密不可分的关系,开拓学习者的跨文化交际视野,让学生置于广阔的社会文化之中,养成用英语进行思维的习惯,做到学有所思、思有所得、得有所用,从而不再感到英语是身外之物,实现英语综合能力和学习者人格、素质的同步提升。(3)立足国情,博采众长,充分吸收我国外语教学长期积累下来的宝贵经验和行之有效的教学方法,全面而辩证地审视国外盛行的教学理念,汲取其精髓和内涵,兼收并蓄地注入教学理念中,确保教材具有更好的系统性、科学性、完整性、针对性和实用性。

何兆熊主编的《综合教程》(第 2 版)(何兆熊,2013:总序 iii)指出:"在编写宗旨上,除了帮助学生打下扎实的语言基本功外,着力培养学生分析问题、解决问题的能力,提高学生的思辨能力和人文、科学素养,培养健康向上的人生观,使学生真正成为我国新时代所需要的英语专门人才。"

以上两部教材的宏观编写理念或宗旨与各自依据的教学大纲、教学要求所设置的目标是相符的、一致的。大学英语《综合教程》的编写坚持"人本主义教育观",尊重外语教学的"普遍规律","博采众长",强调将"人的因素""以学生为中心""开发学习者的自我潜能"等作为编写理念的第一要素是恰当的。特别有意义的是,书中指出了力图使学生成为"自我实现者",而"教师必须在课堂内外发挥指导作用,指导学生学会学习"。英语专业教材《综合教程》也同样提出了要"着力培养学生分析问题、解决问题的能力,提高学生的思辨能力",使之真正成为"新时代所需要的英语专门人才"。与编写理念和宗旨相匹配,两部教材均强调要改变教学模式。大学英语《综合教程》提出"从以教师为中心,单纯传授语言知识与技能的教学模式"向"以学生为中心,既传授一般的语言知识与技能,更注重培养语言运用能力和自主学习能力的教学模式的转变"(秦秀白,2008:总序 2)。英语专业的《综合教程》也提出教材要体现改进教学方法和手段、强化学生自主学习能力的培养(何兆熊,2013:总序ⅲ)。可以看出,两部教程从教材编写的理念到提出教学模式的转变均是与时俱进的。强调培养学习者的听说能力,让他们成为"自我实现者"无疑具有很重要的现实意义。目前,我国高校外语教学周课时数在减少,学习者自主学习能力的培养就显得尤为重要。这无疑是外语教学改变费时低效现状的有效举措,外语教学原本就应该如此。然而,教学理念的变化和教学模式的转变还需要外语教材微观层面的设计与之相匹配,从而才能够适应和满足其改进的更高要求。

下面,我们拟分析上述两部教程的单元设计。单元设计是教材体现宏观设计的一个重要部分。

大学英语教材《综合教程(4)》(秦秀白,2008:5)每个单元设一主题,各单元的组成部分及设置模式如下:

(1)Get Started(提供若干与主题相关的集体讨论题和名人

语录)。

(2)Listen and Respond(听与主题相关的录音材料;进行听写训练)。

(3)Read and Explore(包括两篇主题相同的课文,并提供相关背景知识介绍):Text A:The three tasks:Discussing the main ideas,Reading between the lines, and Voicing your views(应完成的学习活动);Text B(学生自主学习)。

(4)Optional Classroom Activities[选择性的课堂自由展示(presentation)或描述]。

(5)Enhance Your Language Awareness:

Words in Action:

• Working with words and expressions(对本单元的积极词汇进行多种形式的词语操练);

• Increasing your word power(包括词语搭配、构词法、同义词、反义词等各类练习);

• Grammar review(结合课文出现的语法现象对中学学过的基本语法进行复习);

• Cloze(围绕单元主题进行完形填空);

• Translation(以汉译英为主);

• Theme-related writing(与主题相关的写作)。

(6)Enjoy English(提供短诗、幽默文章、笑话等自行阅读材料)。

英语专业教材《综合教程(5)》(何兆熊,2008:Ⅴ)每个单元由Text Ⅰ与Text Ⅱ两个部分组成,其设计的模式如下:

(1)Pre-reading questions(提供的问题与课文话题有关但不涉及课文的内容);

（Text Ⅰ）

（2）Text comprehension（问题与课文直接有关）；

（3）Writing strategies（着重解释课文作者所使用的写作、修辞手法）；

（4）Language work（其中有与课文相关的积极词汇的练习、常用的语法现象练习和完形填空等）；

（5）Translation（巩固课文词汇和短语的句子和段落翻译）；

（6）Topics for discussion（结合课文而设计的话题讨论）；

（7）Writing practice（段落写作）；

（8）Listening exercises（有关练习与课文的内容有所关联）；

（Text Ⅱ）

（9）Questions for discussion（学生运用英语就与 Text Ⅱ 相关的问题发表自己的见解）。

从整体上看，两部教程的单元设计均体现了"结构—功能两者兼而有之"的特点。它们均围绕着课文主题和与之相关的语言知识而展开。从单元设计的项目比例来看，两者都有近半数的项目涉及课文以及相关的内容，强调对课文的理解，即对"语言意义"的关注。与此同时，两者也都注重课文中积极词汇的使用以及相关语法的复习与巩固，或者说也注重"语言形式"或"规约性"。两者都把使学生具有"扎实的基本功"或"综合应用能力"的培养目标具体化为听、说、读、写、译等技能项目的训练。两部教程各单元还专门配有 Text Ⅱ 或 Text B，目的在于培养学生独立分析问题、解决问题或"自主学习"的能力。总的来说，单元设计的项目是很多的。但问题是，单元设计中的语法部分只是对中学阶段所学的规则进行复习与巩固，没有将其与语言运作的整体或规律联系起来的项目，也没有涉及语言创造性运作的项目，而旨在开发学习者"自我

语言普遍原则的创造性运作

潜能"和培养"自主学习"能力的 Text Ⅱ 或 Text B 的项目设计中，实际上也没有有效的针对性指导。开发学习者"自我潜能"或培养他们的"自主学习"能力并不是仅仅提供一些机会让学生能够"养成借助词典从事阅读活动的习惯"和学习一些新的词汇，也不是回答或讨论几个与文章相关的问题就能开拓学生的思路，就算培养了其分析和解决问题的能力。问题的关键是在于如何"开发"和"培养"，或如何"指导学生学会学习"。也就是说，在学习者"独立"或"自主"学习之前，我们是否"指导"了他们学习的路径和方法，或者说是否培养了他们的自主学习能力，使他们学会学习。这也就意味着我们在"课堂内"的教学中应该传授给他们独立分析和解决问题的方法，特别是语言创造性运作的规则或方法，即"授之以渔"。具体地说，就是首先要培养学习者在战略上具有语言运作的整体意识，要让他们认知"语言普遍原则"，即弄清楚语言基本结构与无限句子的关系；就是要指导他们学会在战术上处理好句子生成运作中的"规则"与"自由创造"的关系，即在熟练掌握句子生成显性的组合"规则"的同时，能够认知和应用句子创造的"结构性"和"限定性"递归运作方法。只有具备了战略上的整体意识，又有了战术上句子组合的方法或"渔术"，学习者独立的阅读理解或自主学习才能真正"有的放矢"和有好的效果，学习者才有可能具备自主学习的能力。也就是说，他们才能在独立分析范文中出现的特殊语言现象时有可靠的形式上的依据，才能有效地发现和解决问题，进而逐步掌握和"内化"目标语言运作特别是创造性运作的规律。缺失了这一"学会学习"的不可或缺的指导环节，学习者的自主学习能力的"培养"和"开发"显然就没有做到位。

两部教程中的每一篇课文都是语言创造性运作的结果或产品。课文中出现的新的词汇和语法特征以及对课文的理解自然是有必要学习和掌握的内容,但这些不是教学的主要目的。主要的目的应该是通过分析、诠释这些产品所示范的语言运作样板,揭示和掌握句子无限生成背后的运作规律,特别是语言创造性运作的规律。我们开拓学生的思路,让学生运用目标语言表达自己的观点等,实际上也正是要求他们能够运用语言运作机制进行"自由创造"。而如果外语教学中缺失了这一方面的介绍、分析与诠释,学生对语言创造性运作的规则或规律没有认知,那么,他们就不可能真正打下扎实的全面的目标语言基础,也谈不上具备适应国际交流需要的能力。从这个意义上看,两部外语教程的单元设计均存在着重大缺失。

3.5.2 外语教材微观设计的缺失

在宏观层面上,两部外语教材有关语言创造性内容的缺失自然也体现在其微观设计之上。以下我们就以书中单元的主要教学内容以及教师用书中相配套的微观设计为例进行分析。

大学英语《综合教程(4)》的这个部分为"Read and Explore",主要分为两个方面:聚焦内容(Focusing on the content: content questions & extended questions)和聚焦语言(Focusing on language: underlining good usage & key words and expressions)。英语专业《综合教程(5)》的这个部分为"Text comprehension",其中包括课文解释(Text explanation)、段落分析(Paragraph analysis)和语言工作(Language work:词汇、短语、句子的释义)。可以看出,两部教程的微观设计既强调"语言意义",也注重"语言形式"。关于"语言意义"部分,两者的设计似乎是很全面的,其中既有与课文相关背景知识的介绍、对课文整体意义理解的把握,也有对课文

语言普遍原则的创造性运作

局部意义和词汇的理解等。关于"语言形式"部分,两者的设计项目也不少,主要关注的是课文中出现的积极词汇和显性的语法。但很明显,这一教学的主要部分也没有关于语言创造性特征及其运作规则的分析与诠释。尽管两部教程都提供了积极词汇的用法和相关语法的例子,但均没有将句子的具体运作方法与整体的语言运作的机制联系起来,特别是未能从语言创造性运作的视角去剖析它们。

我们知道,两部教程中的每一篇课文都是经过精挑细选的范文,基于语言基本结构的创造性运作无不体现在每一篇范文之中。其中有很多体现特殊语言特征的句子均是分析和诠释语言创造性运作规律和过程的很好的例子,都是应该得到关注的语言现象。遗憾的是,两部教程的微观设计模式并没有给予必要的关注,从而缺少这一培养学习者语言运用能力的十分重要的环节。

例 1

Corded and crisp and pinafored, the five of us seated ourselves one by one at that counter.
$\quad\quad\quad\quad\quad\quad\quad\quad\quad\quad\quad\quad\quad\quad$ S $\quad\quad$ V $\quad\quad$ O

(何兆熊,2008:3)

何兆熊主编的教程本身没有对该句子加注,但与其相配套的《综合教程(5)教师用书》则在 Language work 栏下做了如下处理:

Still wearing our well-tied, smoothly-ironed outer garments, the five of us seated ourselves one by one on counter stools.

corded adj. tied, bound or connected by thick strings or laces

crisp adj. with a stiff, uncreased, or unspoiled surface; well-ironed pinafored adj. wearing a sleeveless, collarless outer garment that is usu. tied at the back

(何兆熊,2006:10)

例 2

However, despite their imperfect tools, they worked together stubbornly, collectively, and were able to attain results.
(S = they, V = worked, V = were, C = able to attain results)

(秦秀白,2008:5)

该教程和教师用书对例 2 也只做了以下解释：

although the tools they used were simple and rough, they worked together persistently and were able to satisfy their needs

(秦秀白,2008:5)

配套的教师用书把"were able to attain results"列为"underlining good usage"。

从对例句的处理方式可以看出，两部教程只是提供了词汇、短语和句子的释义和理解，注重的是句子"表达了什么"（what is expressed），即"语言意义"。这一微观设计模式没有关注和分析句子特殊的"语言形式"，即没有诠释句子创造性表述的规则或方法。尽管从表面上看，两个例句都是简单句，句子依据显性规约的组合运作并不难，作者所要表达的意义也好理解；但从语言创造性运作的视角上看，它们所呈现的却是典型的利用多种限定手段对 VP 进行"递归"运作的规则或方法，是语言学习应该关注和分析的特殊语言特征。

例 1 基于基本句式 SVO。将其置于这一核心框架之内，该句子运作的聚焦点就一目了然。它聚焦于对 VP 的表述，即"how we seated ourselves"。聚焦点找到了，其具体的创造性运作的规则或方法也就呈现出来了。可以看出,作者分别引入或借助了形容词短语、名词短语和介词短语等不同语言结构的限定手段对句子中的 VP 进行了"递归"限定。这一递归或重复限定的运作揭示了体现语言创造性的"限定性"递归组合方式。其中所采用的形容词短语是由三个形容词(corded、crisp、pinafored)并联的组合形式,前置于 VP,名词短语(one by one)与介词短语(at that counter)则后置于 VP。很明显,作者通过这一"限定性"递归运作,即借助三种限定语对 VP 的重复限定描述,添加了与其密切相关的状态、方式和地点等相关的信息,从而使其得到具体和准确的表述。

例 2 基于句式 SV,同样也是聚焦于对句中 VP(worked)的表述。这一表述的过程呈现了"如何劳作"的递归运作方法:作者分别采用了一个介词短语(despite...)前置和三个并列的副词(together、stubbornly、collectively)后置的限定手段对句子中的 VP 进行了重复限定。这一借助多个限定语对 VP(worked)的"递归"运作增添了与其相关的条件、方式等语义,使得"如何劳作"得到充分、确切的表述。很明显,这一组合运作揭示的是"限定性"递归运作的规则。不仅如此,在句中,作者还并联了另一 VP(were able to attain results),这就使原本固定的基本结构 SV 被创造性地运作为 SV+VC,扩大了 VP 的表达空间。这是基于成分 VP 位置上的重复运作,呈现的是"结构性"递归运作。在这扩大了的表述结构空间里,作者更进一步地说明了"他们"努力工作所引起的结果,从而使句子的语义更为丰富和完整。

从以上两个例子的剖析可以看出,尽管句子本身都很简单,但其组合运作背后的规律却是不可忽视的语言现象。它们所揭示的语言创造性的"递归"运作规则正是外语学习者缺乏但又必须掌握的关键的语言创造性运作方法。同样可以看出,除副词这一常规限定动词的手段之外,人们还可使用不同语言结构的限定手段对 VP 进行递归限定。

例 3

     V   S
There were little violently yellow iced cakes with scalloped edges called "marigolds", that came from Cushman's Bakery.

(何兆熊,2008:2)

例 4

   S V   C
This was all done in the name of civilization, which meant the places where man had made his home, where the earth was cultivated, where the forest had been cut down.

(秦秀白,2008:5)

例 3 与例 1 和例 4 与例 2 分别选自两部教程中的同一篇课文。该教程或教师用书对两个例句的处理依照了与上述相同的微观设计模式。它们除了对句子中几个词和短语,如例 3 中的 scallop、marigold 和例 4 中的词组 cut down 进行了释义,并分别列举了一些使用这些词和词组的例子外,也均未对例句中呈现的特殊语言特征做任何形式上的分析。以上两例之所以特殊是因为它们同样呈现了语言创造性运作规律。与例 1 和例 2 不同的是,这两个例子主要聚焦于对句中名词 NP 的"递归"限定。

例 3 基于 there be 句式或 SV 的倒装形式,句中的表述对象 S 是"糕点"(cakes)。不难看出,作者的目的聚焦于对该表述对象的充分、确切表述,所使用的方法是运用"限定性"递归运作的规则。可以看出,作者分别引入或借助了相同、异同语言结构的限定语对表述对象进行了递归限定。其中前置于 NP 的限定语有并联的两个形容词(little、yellow)和一分词(iced),后置的限定语为一介词短语(with scalloped edges …)和一从句(that came from…)。很明显,通过这一借助多种不同语言结构的限定手段的"递归"限定运作,作者添加了那些糕点的形状(大小、外形)、颜色、属性,甚至来源地等相关的信息,从而使表述对象得到了十分具体和确切的表述。如果我们再深入一步,对文章作者这样运作的目的即"why it is expressed that way"加以考虑,则还可以发现其运作思路。黑人作者在其回忆录中的这一十分具体的表述,与该段落中对其他精心的准备工作的细节描述一样,旨在呈现他们一家对华盛顿之行的重视和对国庆日(the Fourth of July)的美好期待,但这重视和美好期待却在这样特殊的日子和特殊的地方与他们所受到的种族歧视形成了鲜明的对照。

例 4 是个主从复合句,基于句式 SVC。从整体的架构上看,它也并不复杂,即由主句和一个由 which 引导的限定从句组合构成。然而,从具体的运作上看,它又显得很不简单。因为它也呈现了体现语言创造性的"结构性"和"限定性"的递归运作。其结构性递归运作体现于这个句子是由五个小句并联构成,即语言基本结构在该句中被重复使用了五次,大大地拓展了表述结构空间。除此之外,在其限定性运作中不仅有对 VP 的限定,而且也有对 NP 的限定。这就使该句子的表层结构显得颇为复杂。在主句中,作者首先使用了一副词(all)和一介词短语(in the name of civilization)对 VP(was done)进行了"递归"限定。通过这一限定描述所添加的语义,作者指出了"人类对大自然所做之事均是以文明的名义"的事实。紧接着,作者又将该事实或主句(This was all done in the name of civilization)作为一个整体对其进行了进一步的限定,所采用的手段是一个由 which 引导的限定从句。在该限定从句(which meant the places…)中,作者又使用了三个并联的均由

where 引导的从句对 which 从句中派生出的 NP(the places)进行了递归限定,从而客观地提出了上述事实所引起的后果。事实上,分析这一创造性的具体运作过程,同时也是在诠释作者思辨的过程。作者首先对主句中 VP(was done)进行递归限定,旨在添加有关人类对大自然所做之事方式的语义,以确切表明该事实。再通过一限定从句对该事实的限定,进而提出"这一事实意味着什么"作为客观的评判。值得注意的是,这一"客观的评判"是通过三个从句对该限定从句衍生出的名词(the places)进行的重复限定实现的。其所添加的语义为三个客观事实,即大自然成为了人类"居住""耕作"的地方和"森林被砍伐"的地方。可以看出,作者并没有直接提出自己的观点或评判,而只是在摆出一些事实,目的在于让读者根据这些事实做出自己的是非判断。

以上我们尝试从语言创造性运作的角度做出几个范文句子分析的模式。可以看出,我们的分析模式主要是在在句子的整体架构之内,通过"how"的剖析来揭示句子生成背后的创造性运作规律,即语言使用者不仅可以通过"结构性递归运作"自由地扩大表述空间,还可以通过"限定性递归运作"不受限制地对任何 NP/VP 进行限定以充分、确切或生动表达思想。这一分析模式也通过对"why"的讨论以呈现作者的创造性运作思路和思辨过程,让学习者学会用目标语言思考并在实际的语言运用中有所借鉴。很明显,这一分析模式是建立在句子基本句式这个核心之上,这是因为语言的运作或句子的生成均是基于语言基本结构的运作。明确了句子的基本结构,我们实际上就抓住了句子运作的主要关系,就可以从形式上发现其运作的聚焦点,即发现其运作是针对什么(NP 或 VP 或两者)进行的递归限定。然后,再具体地分析作者利用了什么组合手段来达到其目的,并将句中出现的语法特征糅合到整

语言普遍原则的创造性运作

体的运作上来。这样,句子成分之间的关系就会变得清晰,其复杂的表层结构形式也就会显得简单。换言之,在句子生成背后的运作规则或方法就显现出来了。事实上,这一剖析过程也与"为什么要这样表达"联系了起来。因为句中的每一组合的运作总是与作者的思路和所要表达的思想交织在一起。也就是说,作者的思路或思辨过程也可在这种模式的分析中呈现出来,从而使范文的"语言形式"与"语言意义"有机地结合起来。从"语言形式"入手,再对范文句子运作的"how"与"why"进行讨论,如此一来,"语言意义"的理解就有了理据,变得更为理性了。

从掌握一门目标语言的角度来说,揭示句子生成背后的组合运作规律,即呈现语言创造性运作规则和方法,无疑是至关重要的,特别是在大学外语学习的阶段。外语学习者语言运用能力特别是听说能力的培养成效与其密切相关。这是他们的目标语言水平朝"质"的方向转变的最为关键的一环。这就是我们在教学中所必须传授的"渔"。从这个意义上看,两部教程的微观设计与教材编写的理念与宗旨是不太相匹配的,需要有大的改进。这一改进就是要建立在"授之以渔"的理念之上,除显性的组合规则之外,我们还需让学习者认知隐性的"结构性"与"限定性"递归运作规则或方法。人们在使用语言时往往没有随时可用的现成的句子,在很大概率上,是要说出或理解以前"没有听过或说过的句子"。而要做到这一点,很关键的一步就是要认知和掌握句子生成的创造性运作规律。从"鱼"与"渔"的角度上看,"表达了什么?"(what is expressed)是"鱼",而"为什么、如何创造性地表达?"(how/why it is expressed creatively)则为"渔"。

3.5.3 单元创造性练习的设计

单元课后练习的项目设计是外语教材微观设计的一个很重要的部分。课后练习是复习和巩固单元所学内容和逐步内化语言运作规则的必要环节，也是外语学习者"课堂外"应用目标语言的主要途径。两部教程单元练习项目的种类较多，但主要还是课文理解、相关词汇运用、语法巩固、完形填空、翻译、写作等常规性练习。然而，由于上述两套教材（其他外语教材实际上也一样）语言创造性特征教授的缺失，此方面的练习项目设计自然也是一片空白。因而，设计出创造性运作的练习项目以填补这一空白具有建设性意义。

以下是我们在外语教学中尝试设计和试验的一些练习题型。

Creative Language Use：

1.结构性递归运作（Recursive Operations in Structure）

A. Discuss the recursive operations in the structure of the following sentences by first identifying the sentence patterns they are based on and then analyzing the ways of "recursiveness" of the sentence patterns or the elements of them：

a.When I was little, and we used to go to the Connecticut shore, we always went at night on the milk train, because it was cheaper.

（何兆熊，2008:1）

The sentence is based on SV (we went). Obviously, it focuses on the specification of VP (went). In order to express her idea fully and exactly, the writer employs three clauses to specify it. Thus the surface structure of the sentence becomes $SVC+SV$

+SV+SVC (recursive use of sentence patterns or clauses). In so doing, the writer makes enough expressing room, in which she adds more related information of "when", "where" and "why" to the fact. Besides, three other specifying means are used ("always, at night, on the milk train", recursive use of specifying means) in the main clause to further specify VP, resulting in more detailed information concerning "how" they went.

b. I learned later that Phyllis's high school senior class trip had been to Washington, but the nuns had given her back deposit in private, explaining to her that the class, all of whom were white, except Phyllis, would be staying in a hotel where Phyllis "would not be happy", meaning, Daddy explained to her, also in private, that they did not rent rooms to Negroes.

(何兆熊,2015:3)

This sentence is based on SVO. It clearly focuses on the specification of O. O, the object, is usually a noun or an NP, but in the sentence, it consists of two coordinate clauses followed by a present participle phrase (explaining that...). They, the object to the verb "learned", are used to make enough room to express the complex idea why Phyllis didn't join her class trip to Washington. Thus, the surface sentence structure becomes $SVt + SVC + SVOO$ (recursive use of sentence patterns). The present participle phrase used here is to further specify the derived *VP* ("had given her back deposit") in the second clause, so as to make clear in detail the reason. In the phrase, "explaining that…", the participle, has its own object, which is also a clause—"that the class, all of whom..., would be staying in a hotel where...". In the clause, the two derived NPs ("the class, a hotel") are respectively specified by a clause. One of them, "all of whom were white, except Phyllis", adds the meaning that Phyllis was the only black student in the class. The other clause, "where Phyllis 'would not be happy'" is further specified by a present participle phrase "meaning... that...". Likewise, the participle "meaning" has a clause as its object, which reveals the fact that Negroes were not served in the hotel. Besides, in the phrase there is still a parenthetic clause ("Daddy explained... that..."). So in the sentence, the sentence patterns has been employed eight times. Employing clauses or recursive use of the sentence pattern is a frequently used way of leaving enough space to specify something complicated. Organized in this way, the reason "why Phyllis didn't join her class in the trip to Washington" is fully and exactly presented in one sentence.

c. Straight-backed and indignant, one by one, my family and I got down from the counter stools and turned around and marched out of the store, quiet and outraged, as if we had never been Black before.

(何兆熊,2008:3)

The sentence is based on the pattern SV. S is formed by two nouns ("my family and I"), and V is formed by three coordinate verbs ("got down, turned around, marched"). It is an example of "recursiveness" of the elements of the sentence pattern, which shows the way to expand the meaning of NP and VP. The recursive use of the elements of the pattern makes the sentence surface form become $S+S+V+V+V$, making clear not only the persons involved, but also three actions happening almost at the same time. What is more, this sentence chiefly focuses on the specification of the VPs. The first VP, "got down", is specified respectively by two coordinate adjectives ("straight-backed and indignant"), a noun phrase ("one by one") and a prepositional phrase ("from the counter stools") (recursive use of specifying means), which add the related information of their appearance, the way and the location when the action took place. And the other two VPs, "turned around" and "marched", are also specified repeatedly by a prepositional phrase ("out of the store"), two coordinate adjectives ("quiet and outraged") and a clause ("as if…") (recursive use of specifying means), which present more detailed information concerning the manner of them. In so doing, the writer provides a very vivid description of how her family and she got out of the store.

题型 A 所给的句子均选自何兆熊主编的《综合教程(5)》中的第一篇课文"The Fourth of July"。该题型的设计旨在:(1)训练学生具有以基本句式为运作核心的整体意识,令学生能够将句子的特殊语言特征置于这一整体的框架内来审视和分析。(2)训练学生通过语言基本结构、基本句式成分的递归运作规则去拓展足够的结构表述空间,以表达复杂思想。(3)使学生认识到"结构性"递归运作与"限定性"递归运作并非截然分开,结构性递归运作中也可能含有限定性递归运作,反之亦然。

B. Identify the sentences with the feature of "recursiveness" if any in the text, match them with the following patterns, discuss the effect of the creative ways used in them and make sentences accordingly.

$S=n(NP+VP)$

$S=nNP+nVP$

$S=NP+VnC$

$S=NP+VnO$

$S=NP+VOnO$

$S=NP+VOnC$

题型 B 的设计目的在于让学生能够在所学的范文中找出具有结构性递归运作特征的句子,讨论其作用并模仿造句。通过练习使学生巩固和掌握创造性运作规则,认识到语言基本结构或基本句式均具有开放性。此题型可依据具体课文的情况做出整体或分开的安排,也可用于不同的学习阶段以检查学生进步情况。

2.限定性递归运作(Recursive Operations in Specification)

C. Discuss the recursive operations in the NP or VP specification of the sentences below, paying attention first to the sentence patterns they are based on and then to the underlined parts of them.

a. The <u>first</u> time <u>I went to Washington D.C.</u> was <u>on the edge of the summer</u> <u>when I was supposed to stop being a child</u>.

(SVC; NP specification, making clear the meaning of the two nouns: the time, the summer; the specifying means used: determiner, clause, prep. p, clause)

b. It was a <u>back-street</u> hotel <u>that belonged to a friend of my father's</u> <u>who was in real estate</u>, and I spent the whole next day after Mass squinting up at the Lincoln Memorial <u>where Marian Anderson had sung</u> <u>after the D.A.R. refused to allow her to sing in their auditorium</u> <u>because she was black.</u>

(SVC+SVOC; NP specification, adding more related information of the "hotel" by using the specifying means of a noun and two clauses, and of "the Lincoln Memorial" by employing a clause; VP specification, in the clause, another two clauses are used respectively to specify "had sung" and "refused to allow her to sing", providing additional related meaning of "when" and "why")

c. My parents wouldn't speak of this injustice, <u>not because they had contributed to it</u>, <u>but because they felt they should have anticipated it and avoided it.</u>

(SVO; VP specification, providing more related information to specify the reason why; the specifying means used: clause)

d. <u>Corded and crisp and pinafored</u>, the five of us seated ourselves <u>one by one</u> <u>at the counter.</u>

(SVO; VP specification, adding more information concerning the manner, the location, etc. to specify "seated ourselves"; the specifying means used: adjective, noun phrase, prep. p)

(何兆熊,2008:1-3)

此题型旨在强化学习者基于语言基本结构进行创造性运作的意识,训练他们找出课文中句子组合运作的聚焦点和限定性递归运作的手段;使他们认识到利用限定语或手段进行递归限定时,既可以利用相同的语言结构也可以利用不同的语言结构;使他们认识到这一限定运作规则适用于句中出现的任何 NP 或 VP;训练他们掌握并利用这一自由递归限定方式,使所要表达的思想得到充分、确切或生动的表述。

D. Write new sentences based on the sentences below by using proper specifying means according to the requirements.

a. This handbook is to provide an overview.

(a) to present additional information of the overview concerning its content;

(b) to give more related information about the overview concerning its intended readers.

e.g.

This handbook is to provide an overview of the recent new findings on linguistics.

This handbook is to provide an overview of the recent new findings on linguistics for those who are interested in it.

b. The time has come for a president / a student / a teacher...

(a) to give an idea about the person you wish a president / a student / a teacher to be by using a specifying clause;

(b) to provide more details about the person you wish a president / a student / a teacher to be by using another specifying clause;

(c) to finish the sentence by using a third specifying clause.

e.g.

The time has come for a president who will be honest about the choices and the challenges we face; who will listen to you and learn from you even we disagree; who won't just tell you what you want to hear, but what you need to hear.

(奥巴马,2011:22)

c. He Lived.

(a) to present some related information by different proper specifying means for when and where he lived;

(b) to offer more information of the place he lived;

(c) to give another coordinate verb phrase to further develop the idea of "how" he lived.

e.g.

When I wrote the following pages, or rather the bulk of them, I lived alone, in the woods, a mile from any neighbor, in a house which I had built myself, on the shore of Walden Pond, in Concord, Massachusetts, and earned my living by the labor of my hands only.

(Thoreau, 2008:5)

该题型旨在培养学习者按照要求使用恰当的限定手段对NP或VP进行递归限定运作。通过这样的练习,学习者能够逐步掌握使用相同语言结构、异同语言结构的限定语对名词或动词进行递归限定的规则;能够认识到NP与VP既可以是表述对象与对表述对象的表述,也可以是句子创造运作中派生出的任何名词与动词;能够认识到对NP或VP的限定并不截然分开,在对NP进行限定时,也可能会同时出现对VP的限定,反之亦然。

E. Write new sentences based on the following sentences in italics, using the means of "recursiveness of the structure" or the proper means in specifying the underlined parts.

(a) Li Ming is a student. (SVC)

Mrs. Smith was in the room.

(b) The baby smiled. (SV)

(c) The boy caught the ball. （SVO）

(d) Mr. Li gave her the present. （SVOO）

(e) What we did have made him angry. （SVOC）

　　The man put the book on the table.

该项练习为综合开放性题型。其中所给的句子完全基于五个基本句式。该题型的设计旨在培养学习者针对句中画线部分进行"结构性"或"限定性"递归运作以创造句子的能力。此项练习可以根据不同学习阶段的具体情况做出分开或整体的设计。分开的设计指可依照学习进度或课文出现的特殊语言现象进行有针对性的安排。整体的设计指可让语言者在学习的不同阶段多次地进行练习。将他们在不同阶段所创造的句子进行对比，以检查其掌握和运用语言创造性运作规则的情况和熟练程度。

F. Put the following sentences into English, using the appropriate means of specifying NP or VP.

（a）村里有个姑娘叫小芳，长得好看又善良，一双美丽的大眼睛，辫子粗又长。

(There was a girl named Xiaofang who looked kind and pretty with a pair of beautiful large eyes and long thick plaits.)

（b）在回城之前的那个晚上，你和我来到小河旁，从未流过的泪水，随着小河淌。

(On the evening before I went back to the city, you and I came to the river bank, with our never-shed teardrops rolling down and floating away in the river.)

此项练习尝试将翻译练习与语言创造性运作的规律结合起来，让学习者逐步掌握在遵守规则之上进行自由创造性运作的技能。在一些常规练习中注入创造性运作元素可使语言规则与自由创造的运作相互融合,达到更好的效果。

以上几个类型的练习是我们在外语教学中曾经试用的补充练习项目。虽然还不成熟,但却是很好的尝试。这些项目的设计目的在于使学生通过讨论、分析教材中所展现的语言创造性运作现象,逐步认知和掌握创造性运作规则,即结构性和限定性递归运作的方法。试验效果良好,受到了学生很高的评价。除了以上创造性题型设计,另一可探寻的做法是在单元课后的一些常规练习中尽可能地注入语言创造性运作的元素,也就是说把巩固词汇、短语、语言点和翻译等练习项目置于语言基本结构的框架之内,尽可能把通常孤立、分散的语法特征或语言点有机地统一到语言创造性运作的规律上来。体现语言创造性运作的练习项目设计是一个新的挑战。接受这一新的挑战对于外语教材编写的完善具有重要的意义。

概述之,尽管上述两部国家级规划外语教材采用了"结构-功能"兼而有之的编写思路,即采用在"课堂内"既关注"语言意义"又关注"语言形式"的折中模式,但这一折中模式没有将语法特征与语言运作的整体结合在一起,特别是没有将语言创造性的特征纳入教材编写设计的范畴,还存在大的缺失。而这一至关重要部分的缺失,与教学大纲所设置目标的实现、教材编写理念的与时俱进,以及教学模式的转变等显然不能相适应。因而,这一缺失无疑是我国外语教学改革和教材编写必须直面和解决的重要问题。

3.6 外语教材编写的改进与外语教学的有效方法

我们的建议是:外语教材编写首先在宏观设计上应有语言创造性的理念与统筹性的安排。我们应该把这一理念列为教材编写的指导原则之一。在此指导原则之下,制定出总体的规划。在总体框架设计上,语言"创造性"应有与"规约性"相同地位的系统安排。应考虑的问题包括语言创造性特征在何阶段(中学或大学)以及如何循序渐进地融入原有设计的总体框架。又如,教材中的范文、各个单元教学的项目设计以及课后练习题型等如何做出相应的补充和调整。再如,教学方法以及教学参考书的编写等方面如何做出相匹配的设计。

在微观设计上,我们应该处理好以下几个关系:

(1)"语言形式"与"语言意义"的关系。尽管外语教学的特殊性决定了外语教学应采取以"语言形式"为中心的教学模式,但这并不意味着忽视对"语言意义"的关注。教程中每一篇课文都是"形式与意义"的统一体,两者之间是密切关联的,应该得到很好的协调。

(2)"语法特征"与"语言运作的整体意识"的关系。"孤立、分散的语法知识点的讲解",这一教学模式的问题在于缺乏语言运作的整体意识。所谓"整体意识"就是对"语言普遍原则"的认知,应把其运作与基本结构这个核心紧密地联系起来。要确立语言基本结构的核心地位。在诠释和分析范文的句子时,将语法特征或语言点置于语言基本结构或句子的层面来分析与讲解,从而使学习者弄其清楚这一基本架构与千姿百态的无限句子的关系。

（3）"规则"与"自由创造"的关系，即处理好语言运作规约或语法与创造性运作规律的关系。"规约"或语法始终制约和协调着句子生成或创造的运作，是人们相互理解的形式基础。而"自由创造"则是在遵守"规约"的前提下进行句子自由创造的运作。"自由创造"体现于结构性与限定性的递归运作。结构性递归运作使语言基本句式成为开放性的架构，限定性递归运作使对 NP 或 VP 的限定具有无限循环性或开放性。这两个层面的开放性为语言使用者提供了无限的"自由创造"的空间。

（4）范文的理解与作者的思路、思辨过程的关系。对范文的整体把握、局部意义以及内涵与寓意的理解应与文章作者的整体思路或思辨过程结合起来。课文介绍或写作策略的诠释要与作者写作的目的、列举的事实以及采用的写作方法等形成一个有机的整体。对句子运作的分析和诠释可通过"how"和"why"的视角与文章作者的思路和思辨过程联系起来，使学习者从语言的形式上弄明白作者的表述目的和为达到该目的所采用的运作方式，从而理性地理解文章的"语言意义"。

（5）常规性练习与创造性运作练习的关系。每个单元的常规性练习题型要精简，要与创造性运作规则的练习项目互为补充。如有可能，可在一些常规性题型里注入创造性运作元素，把语法规约与自由创造的规则结合起来。

以上我们所提出的理念和应处理好的五个关系是对我国外语教材编写进行改革的建议。这些建议围绕着如何弥补"教什么""怎么教"的缺失而提出，其主旨还是要归结到"授人以渔"。"授人以渔"还是"授人以鱼"始终是检验师者"授业解惑"成效的试金石。"授人以渔"不仅要体现在外语教学的"课堂内"，还要体现在"课堂外"每个单元练习项目的微观设计上。在"课堂内",教师要能够通过对课文的不断剖析、诠释和示范,揭示出句子生成或语言创造性运作及其语义内容表达背后的规则与规律。在"课堂外",还要有针对性地进行有效练习,使学习者掌握全面的语言运作规则特别是语言创造性运作的技能,从而使其真正具备"自主学习"的方法。事实上,在外语学习过程中,学习者会遇到所谓的"瓶颈"和"石化"现象,其主要原因就在于未能认知语言普遍规则和语言创造性运作的规律。我们也常听到很多接受过高等教育的人抱怨学了十多年的外语,毕业后很快地就统统交还给老师了。这无疑是一件十分令人遗憾的事。但如果他们认知了极为简单明了且极具生成能力的语言普遍原则,掌握了语言运作规则,特别是创造性运作的规律,他们便可以有效地可持续地"自主"学好和使用好一门外语,即可以有良好的后续效应。

  本章我们通过蔡基刚关于大学英语教学的"两个承认"、孙复初和清华大学的老师们做过的几次对比试验以及我国外语教学长期实践等证明了师者本身存在的"惑"。这惑不仅在于我们对外语教学的特殊性认识不足,还在于对"语言"及其"语法"的认知不足。我们未能从战略的整体高度去审视和诠释所传授的语言知识。迄今为止,我们还未能对学生讲明白我们所教授的"语言"究竟是什么,语言的基本结构是什么,其运作的过程是怎样的。而对于"语言形式"或语法,我们对它的认知也并非全面。我们缺失了语言运作中最为关键的组成部分——创造性运作规则。

  本小书把"语言"定义为"以句子形式构建的言语系统"。这就使抽象的"言语"(words)有了具体的表述结构形式。这一具体的表述结构形式就是语言的基本结构——NP+VP 或五个基本句式。语言基本结构体现了其运作是个完整意义组合或表述的过程。完全基于其基本结构成分的运作是其基本运作,而基于该基本结构及其成分的结构性递归运作和引入限定语对 NP/VP 进行限定的限定性递归运作是其创造性运作。语言普遍原则高度地概括了语言全面的运作。这一全面的运作要遵循不同语言各自约定俗成的组合规约,这是句子生成和创造的运作规则或方法,也是人们相互理解的形式根据。结构性递归运作使语言基本结构或句式成为开放性的句型,限定性递归运作使对 NP/VP 的限定具有无限循环性或开放性。两个层面的创造性运作从语言形式上诠释了为何任何思想均可以有足够的表述空间,都可以得到充分、准确或生动的表述,从而揭示了语言是一个开放性的言语系统,具有可持续发展的无限潜力。有了对语言这样的整体认知,我们就占据了一个从高处去审视语言的平台。无论句子的表层结构多冗长复杂,我们总能游刃有余地"化繁为简",从形式上给学习者讲明白"规约性"与"创造性"的关系,从而揭示出句子生成背后的运作规则与规律。总之,占据了这一战略的高度,在教学中坚持"授之以渔",我们就有可能使外语教学的"费时低效"变为"事半功倍",使培养学生"具有扎实的外语基础"和"语言综合应用能力"的最终目标得以实现,就有可能使他们"青出于蓝而胜于蓝",使师者的教学能力达到最高境界。

结束语

  就话语实践中千姿百态、内涵丰富多彩的无限的句子和语篇而言,语言是复杂的。这不仅是因为每个语言使用者有不同的心理、不同的思维深度和广度、个人的独特风格,以及他们所描述的大千世界纷繁复杂,还因为语言本身具有无限创造的潜力。然而,语言的本质是简单的。因为所有这些表述或句子的生成和理解均是基于简单的基本结构、约定俗成的运作规约以及创造性的运作规律。作为为所有人"设计"的语言,一种人人都会使用的永久性的交际工具,其"设计"必然也应该是极为简单明了且极具生成能力的。儿童之所以能在三到五岁时就会使用其母语进行交际,会说出听说过或以前从未听说过的句子,就是因为语言存在着与儿童智力相符的、能够被轻而易举掌握的运作规则,也即语言普遍原则。

  基于外语教学的特殊性,外语教学课堂内关注"语言形式或语法特征"应是其主要的教学模式,但这并不与关注"语言意义"相对立。语言形式与意义是不可分割的统一体,两者之间可以得到很好的协调。改进后的教学模式首先要让学习者认知语言是什么,其基本结构、运作规约和语言普遍原则,使他们能从整体的战略高度去审视目标语言,使学习目标全面和有的放矢。该模式要确立语言基本结构或句式为其运作的核心,即把这一始终如一的架构

语言普遍原则的创造性运作

与无限的句子或其千差万别的具体形式联系起来,从而让学习者弄清楚它们之间的关系,并逐步掌握语言全面运作的规律。这一模式不可或缺的环节是揭示或弥补传统语法体系中缺失的语言的创造性运作规律,即结构性与限定性递归运作规则。总之,教学模式固然很重要,但最关键的是师者在教学中是否"授人以渔",这是检验外语教学成效的试金石。

参考文献

Bolinger, Dwight. 1968/1975/1981. *Aspects of Language*. New York: Harcourt Brace Jovanovich.

Chomsky, Noam. 1957. *Syntactic Structures*. The Hague: Mouton.

Chomsky, Noam. 1966. *Cartesian Linguistics: A Chapter in the History of Rationalist Thought*. New York: Harper & Row.

Doughty, C. & Williams, J. (eds.) 1998. *Focus on Form in Classroom Second Language Acquisition*. Cambridge: Cambridge University Press.

Ellis, Rod. 1999. *The Study of Understanding Second Language Acquisition*. Shanghai: Foreign Language Education Press.

Ellis, Rod. 2000. *Second Language Acquisition*. Shanghai: Foreign Language Education Press.

Langacker, R. W. 1987. *Foundations of Cognitive Grammar, vol. 1: Theoretical Prerequisites*. Stanford: Stanford University Press.

Long, M. H. & Robinson, P. 1998. Focus on Form: Theory, Research and Practice. In Doughty, C. & Williams, J. (eds.) *Focus on Form in Classroom Second Language Acquisition*、

Cambridge:Cambridge University Press.

Lyons, John. 1981. *Language and Linguistics*. Cambridge: Cambridge University Press.

Paul, Hermann. 1898. *Prinzipien der Sprachgeschichte*, Halle a.S.: Max Niemeyer.

Pei, Mario. 1966. *Glossary of Linguistic Terminology*. New York:Anchor Books.

Steiner, George. 1973. *After Babel:Aspects of Language and Translation*. London: Oxford University Press.

Quirk, et al. 1972. *A Grammar of Contemporary English*. London:Longman.

Thoreau, H.D. 2008. *Walden*. Beijing: Foreign Language Teaching and Research Press.

Wardhaugh, Ronald. 1972. *Introduction to Linguistics*. New York:McGraw-Hill Book Company.

阿尔诺、朗斯洛,《普遍唯理语法》,张学斌、柳利译,长沙:湖南教育出版社,2001。

安德里亚,《基督城》,黄宗汉译,北京:商务印书馆,1997。

奥巴马,《奥巴马演说集》,南京:译林出版社,2011。

布龙菲尔德,《语言论》,北京:商务印书馆,1985。

蔡基刚,《关于大学英语课程设置与教学目标——兼考香港高校大学英语课程设置》,《外语教学与研究》,2011年第4期。

高等学校英语专业教学指导委员会英语组,《高等学校英语专业英语教学大纲》,上海:上海外语教育出版社,2000。

教育部高等教育司,《大学英语课程教学要求(试行)》,上海:上海外语教育出版社,2004。

桂诗春,应用语言学家的责任和良心,《外国语》2011年第1期。

何兆熊,《综合教程(5)教师用书》,上海:上海外语教育出版社,2006。

何兆熊,《综合教程(5)》,上海:上海外语教育出版社,2008。

何兆熊,《综合教程(4)》,上海:上海外语教育出版社,2013。

洪堡特,《洪堡特语言哲学文集》,长沙:湖南教育出版社,2001。

洪堡特,《论人类语言结构的差异及其对人类精神发展的影响》,北京:商务印书馆,2008。

胡壮麟,《语言学教程》第三版中文本,北京:北京大学出版社,2007。

科姆里,《语言共性和语言类型》,沈家煊、罗天华译,北京:北京大学出版社,2010。

李观仪,《新编英语教程(8)》,上海:上海外语教育出版社,2003。

李观仪,《新编英语教程(3)》,上海:上海外语教育出版社,2015。

梅德明,《现代句法学》,上海:上海外语教育出版社,2008。

钱冠连,《语言的递归性及其根源》,《外国语》,2001年第3期。

乔姆斯基,《句法结构》,邢公畹等译,北京:中国社会科学出版社,1979。

乔姆斯基,《语言知识:其性质、来源及使用》,北京:外语教学与研究出版社,2002。

秦秀白,《综合教程(2)》,上海:上海外语教育出版社,2007。

秦秀白,《综合教程(4)》,上海:上海外语教育出版社,2008。

萨丕尔,《语言论》,北京:商务印书馆,2010。

石定栩,《乔姆斯基的形式句法——历史进程与最新理论》,北京:北京语言大学出版社,2002。

石毓智,《语法的概念基础》,上海:上海外语教育出版社,2006。

孙复初,标准化考试可以休矣,《南方周末》,2005-2-24。

索绪尔,《普通语言学教程》,北京:商务印书馆,2003。

王寅,《构式语法研究(上卷):理论思索》,上海:上海外语教育出版社,2011。

文秋芳,《编写英语专业教材的重要原则》,《外语界》,2002年第1期。

吴刚,《生成语法研究》,上海:上海外语教育出版社,2006。

徐烈炯,《生成语法理论:标准理论到最简方案》,上海:上海外语教育出版社,2009。

杨连瑞等,《二语习得研究与中国外语教学》,上海:上海外语教育出版社,2007。

姚小平,《西方语言学史》,北京:外语教学与研究出版社,2011。

叶蜚声、徐通锵,《语言学纲要》(第三版),北京:北京大学出版社,1997。

叶蜚声、徐通锵,《语言学纲要》(修订版),北京:北京大学出版社,2010。

叶斯柏森,《叶斯柏森语言学选集》,长沙:湖南教育出版社,2006。

张伯香,《英美文学选读》,北京:外语教学与研究出版社,2009。

张道真,《张道真实用英语语法》(最新版),北京:外语教学与研究出版社,2002。

张克礼,《新英语语法》(第二版),北京:高等教育出版社,2005。

章振邦,《新编英语语法教程》(第三版),上海:上海教育出版社,1999。

章振邦,张月详,强增吉,《新编英语语法概要》,上海:上海译文出版社,1985。

《柯林斯COBUILD英语词典》,上海:上海外语教育出版社,2000。

《朗文当代高级英语辞典》,北京:商务印书馆,1998。

《朗文语言教学及应用语言学辞典》,北京:外语教学与研究出版社,2000。

《麦克米伦高阶英语词典》,北京:外语教学与研究出版社,2003。

《现代汉语词典》(增补本),北京:商务印书馆,2002。

二十一世纪英语教育,《英语文学作品最长句子出炉》,载二十一世纪英语网,https://paper.i21st.cn/story/37631.html。

孙复初,孙复初同青年科学家和大学生谈英文文献阅读,载http://www.360doc.com/content/1010713/19/167207 38793538.shtml。